FREAKY SCIENCE

怪诞科学

世界上1001种奇怪精彩的科学事实

1001 AMAZING AND BIZARRE FACTS ABOUT OUR WORLD

[英]马克·弗莱瑞——著　邱忆菲——译

北京日报出版社

图书在版编目（CIP）数据

怪诞科学：世界上1001种奇怪精彩的科学事实 /
(英) 马克·弗莱瑞著；邱忆菲译. -- 北京：北京日报
出版社，2021.4

　　ISBN 978-7-5477-3924-2

　　Ⅰ.①怪… Ⅱ.①马… ②邱… Ⅲ.①科学知识—普
及读物 Ⅳ.①Z228

中国版本图书馆CIP数据核字(2021)第000885号

著作权合同登记号：图字01-2021-1260

Conceived and produced by Elwin Street Productions Limited

Copyright Elwin Street Productions Limited 2008

10 Elwin Street, London, E2 7BU, UK

www.modern-books.com

怪诞科学：世界上1001种奇怪精彩的科学事实

出版发行：北京日报出版社

地　址：北京市东城区东单三条8-16号东方广场东配楼四层

邮　编：100005

电　话：发行部：（010）65255876

　　　　　总编室：（010）65252135

印　刷：三河市兴国印务有限公司

经　销：各地新华书店

版　次：2021年4月第1版

　　　　　2021年4月第1次印刷

开　本：880毫米×1230毫米　1/32

印　张：7.75

字　数：150千字

定　价：48.00元

目 录

第一章　微观世界

第二章　宏观世界

第三章　外太空

第四章　奇妙的化学

第五章　极端实验

第一章

微观世界

1.数字的语言

对非常小和非常大的数字而言，科学家们总爱为其特殊命名，并以此迷惑他人。可问题是，科学家们每天都在与这类数字打交道，如果他们不遵循同一命名方式，或者说，如果他们不采用同一种数字的语言，那么他们在谈论这些数字或将其用于方程式时，将会十分棘手。

✳ 科学计数法

以氢原子为例，其直径约为千万分之一毫米，即 0.0000000001 米。如果科学家们在纸上这样计数，那么纸肯定总是不够用。所以，科学计数法就应运而生了。

英文前缀	符号	所表示的分数或倍数	十的次方
atto-	a	十的十八次方分之一	10^{-18}
femto-	f	千万亿分之一	10^{-15}
pico-	p	兆分之一	10^{-12}
nano-	n	十亿分之一	10^{-9}
micro-	m	百万分之一	10^{-6}
milli-	m	千分之一	10^{-3}
centri-	c	百分之一	10^{-2}
deci-	d	十分之一	10^{-1}
deka-	D	十	10^{1}
hecto-	H	百	10^{2}
kilo-	K	千	10^{3}
mega-	M	百万	10^{6}
giga-	G	十亿	10^{9}

英文前缀	符号	所表示的分数或倍数	十的次方
tera-	T	万亿	10^{12}
peta-	P	一千兆	10^{15}
exa-	E	百万兆	10^{18}
zetta-	Z	十亿兆	10^{21}

众所周知，$100=10 \times 10$。但科学家们在计算时却并不将其写作100，而是写作10^2，并将之称为10的二次幂或是10的二次方。同理，$1000=10 \times 10 \times 10$，即$10^3$或10的三次方，一百万$=1000 \times 1000$，即$10^6$或10的六次方。这种计数法同样适用于小的数字。百分之一即$\frac{1}{100}$、$\frac{1}{10 \times 10}$，因此科学家们将其写作10^{-2}。同理，百万分之一即$\frac{1}{1000000}$可写作10^{-6}。

科学家们在计数时也常常使用英文前缀。这些英文前缀，也许你早已见过。比如，milli-是millimeter（毫米，即千分之一米）的前缀；micro-是microsecond（微秒，即百万分之一秒）的前缀；giga-是gigabyte（十亿字节）的前缀。

2. 放射现象及其发现历程

19世纪末，德国科学家威廉·伦琴（Wilhelm Röntgen）进行了关于放电管的实验。

放电管是一种含有电极的玻璃管，可以通过管内不同的气体实现导电功能。实验中，伦琴偶然发现，在放电管工作时，即使放电管被既厚又不透明的纸张覆盖，离放电管有一定距离的照相底片仍会因此而微微发光。随后他注意到，这种微光会随着置于放电管与照相底片间的物体厚度的不同而发生变化。当他让妻子把手放在这两者之间时，他发现底片上的图像清晰地展示了妻子手上的婚戒和整只手的骨骼状态。因此，伦琴发现了X射线。这也是X射线首次被发现。

威廉·伦琴，德国物理学家。他发现的X射线为医疗进步做出了巨大贡献，1901年，威廉·伦琴获得了诺贝尔物理学奖。

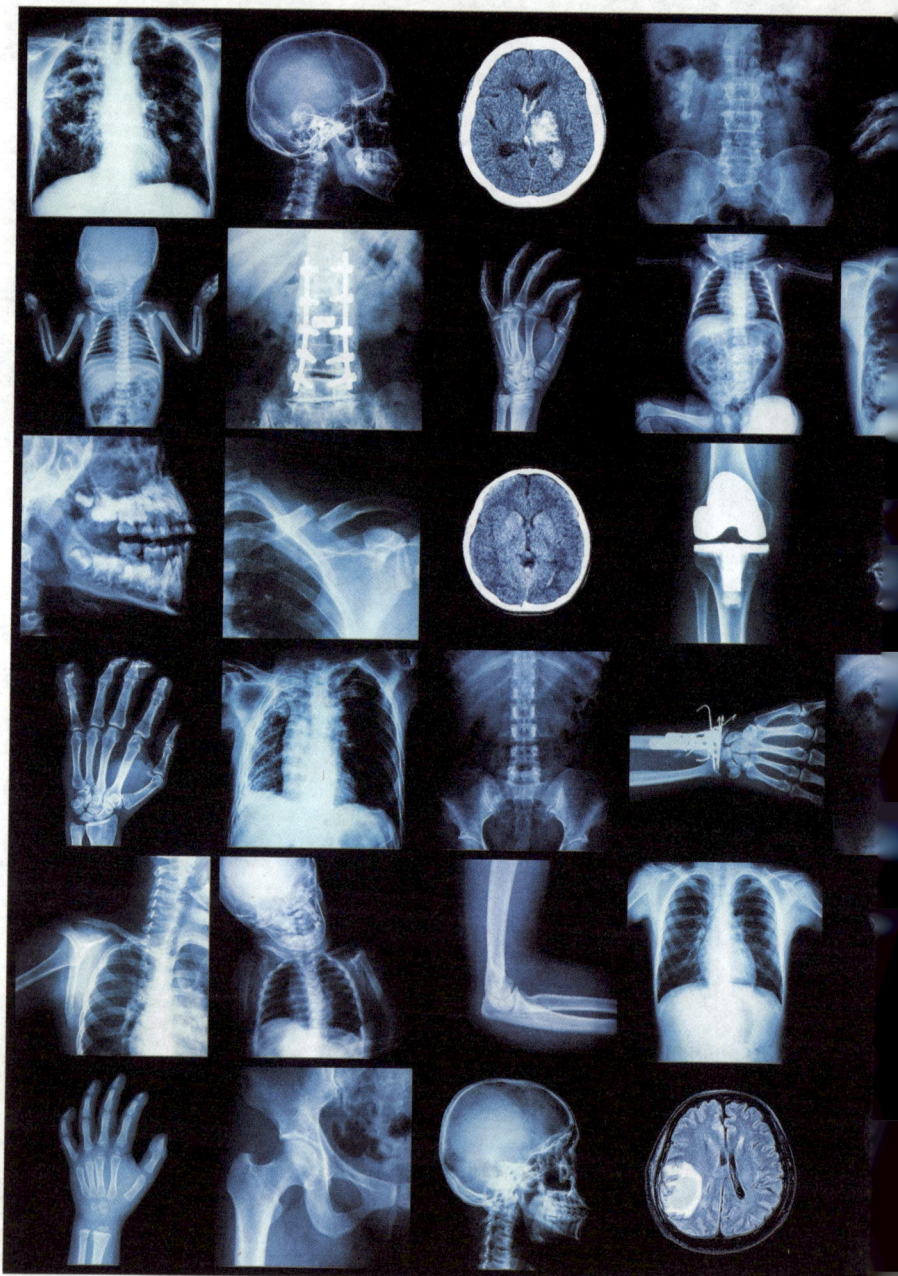

X射线具有穿透性，但人体组织间有密度和厚度的差异。当X射线透过人体不同组织时，由于被吸收的程度不尽相同，经过显像处理后，即可得到不同的影像。医生根据阴影浓淡的对比，结合临床表现、化验结果和病理诊断，即可判断人体某一部分是否正常。

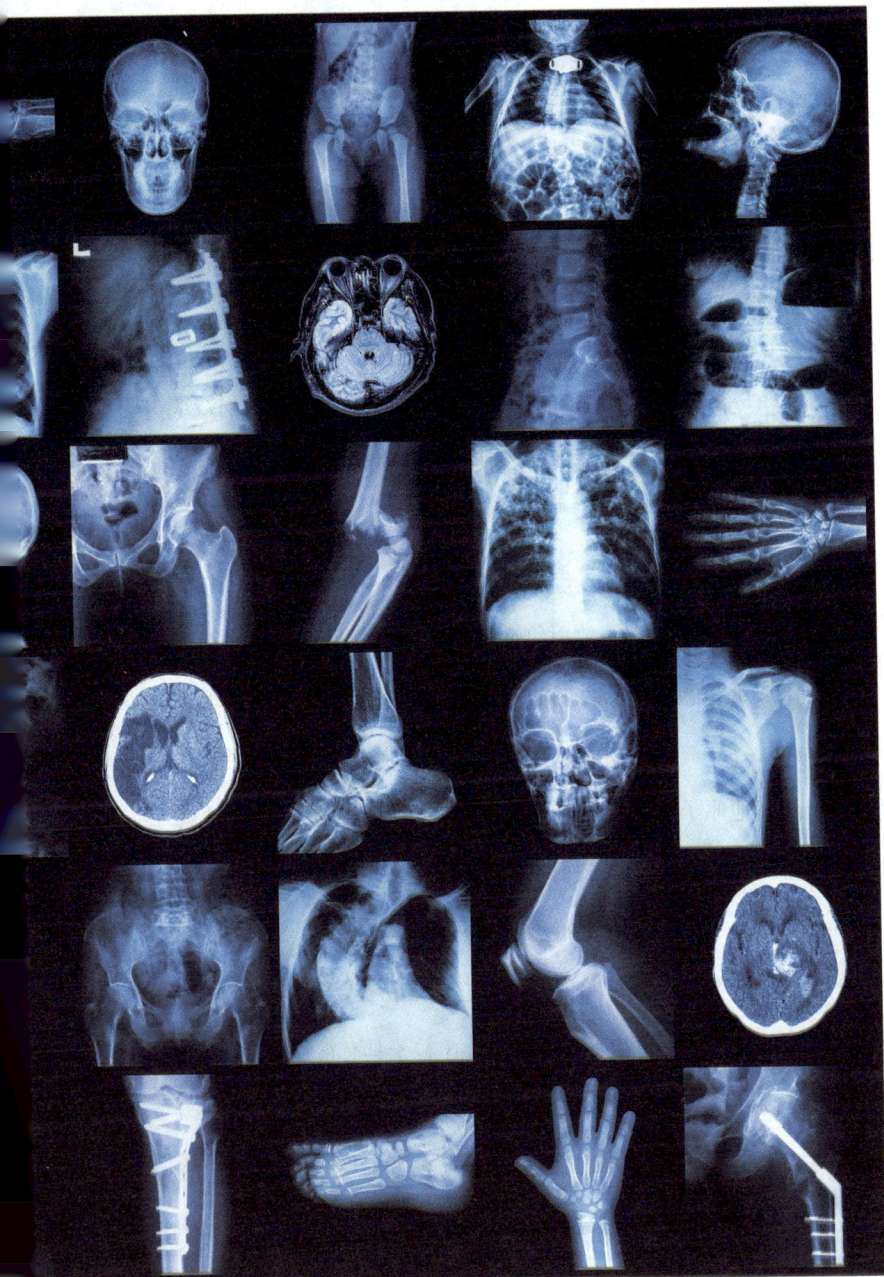

✳ 基本放射物

X射线：是现已众所周知的放射现象（原子自发产生放射线或粒子流的过程）中最早被发现的。其他的放射现象都是在20世纪初被发现的。

α 粒子：由欧内斯特·卢瑟福（Ernest Rutherford）在铀元素中发现。α 粒子最初作为放射物面世时，人们就已经发现它们都是由两个质子和两个中子组成的。α 粒子通常由放射性元素缓慢释放，而且容易被其他物质吸收。α 粒子的强电离作用能轻易地把电子从其他原子中剥离出来。天然存在的放射性元素铀和钍就含有能释放大量 α 粒子的放射性同位素（同一特殊化学元素的各种不同原子，可由其原子核中包含的中子数来区分）。

β 粒子：也由卢瑟福发现。虽然它们最初被认为是某种放射线，但实际上它们是一群活跃的电子。β 粒子具有很强的穿透力，而且可以接近光速的速度从放射性元素中释放出来。锶90（^{90}Sr）和碳14（^{14}C）都是可以释放出大量 β 粒子的放射性同位素。

γ 粒子：由保罗·威拉德（Paul Villard）在1900年发现（但由卢瑟福命名）。威拉德认为它们类似于伦琴射线（即X射线），但其穿透力却比X射线强得多。现在我们当然知道，γ 粒子其实就是电磁辐射的另一种形式，同X射线、无线电波和可见光一样。放射性同位素钴60（^{60}Co）是 γ 射线的常见来源。

✳ 放射性元素及其用途

放射性元素	半衰期	用途
镅241（^{241}Am）	432年	烟雾报警器、测厚仪
钋210（^{210}Po）	138天	卫星能源
镭226（^{226}Ra）	1600年	由玛丽·居里（Marie Curie）发现，用于标定探测器
氡222（^{222}Rn）	3.8天	放射性治疗
锶90（^{90}Sr）	29年	放射性能源、治疗骨癌
锝99m（^{99}mTc）	6小时	医学诊断中的示踪剂
钍232（^{232}Th）	140亿年	增殖反应堆的燃料来源、放射性年代测定
铀235（^{235}U）	7亿年	核能发电、核弹

放射性元素	半衰期	用途
铀238（^{238}U）	45亿年	增殖反应堆的燃料来源、辐射屏蔽、核武器
镱169（^{169}Yb）	32天	大脑扫描、放射性治疗

3.何为原子

✳ 希腊人之说

自古希腊人首次提出"原子"概念以来的两千年里，原子（英文atom源自希腊语atomos，意思是"不可分割的"）一直被认为是没有特征的微小球体，是构成自然界万物的基石。每个原子都被认为是相同的，只是以不同方式组合在一起，创造出人们常见的各类事物。

✳ 道尔顿之说

古希腊人的说法并非人人赞同。而约翰·道尔顿（John Dalton）在19世纪初提出的原子的新学说迅速被认可。他认为，基

三维立体原子结构图。1901年，法国物理学家佩兰（Jean Baptiste Perrin，1870-1942）提出原子的结构模型，他认为原子的中心是一些带正电的粒子，外围是一些绕转着的电子。

本上每种元素都是由原子构成的，但是构成每种元素的原子互不相同，尤其是原子的质量不同。所以，炼金师想要将其他元素炼为金元素的想法注定是痴人说梦。

约翰·道尔顿，英国化学家、物理学家，也是近代原子理论的提出者。

✳ 电子的发现

道尔顿学说提出不到一个世纪时，英国物理学家约瑟夫·汤姆森（J. J. Thomson）就彻底颠覆了人们眼中原子不可分割的定律。他一直从事阴极射线管中电流（类似于老式电视机中所用的电流）的研究。在研究过程中，他推测这些阴极射线实际上是以前从未见过的源自原子内部的粒子的集合。这些带负电的粒子，最终被命名为"电子"。

✳ 质子的发现

原子明明不带负电荷，所以它如何会含有带负电的电子呢？这个问题的答案在原子被发现14年后方揭晓——欧内斯特·卢瑟福（Ernest

Rutherford）认为，原子内同时含有带正电的粒子，正是这些粒子的正电荷抵消了电子的负电荷。这些粒子最终被命名为"质子"。

✳ 当代观点

因此，在原子不可分的说法已经过去两千年时，今天人们认为原子是由一个中心区域即原子核（含质子和中子）和绕核运行的电子构成的。曾经有人做过实验，用氦原子核轰击一块薄金箔。

实验表明，原子核结构非常紧密而且电子要绕轨道运行很长一段距离后才会逸出。因为原子内的大部分空间都是空的，所以就有了以下用来表示原子结构或放射现象的著名模型。

原子结构模型图。

✳ 一些能看见原子和分子的仪器

场离子显微镜：该显微镜在1955年首次观察到原子。在场离子显微镜内部，尖锐的金属（如钨）被置于真空室中，并被施以高压。任何留在真空室中的气体都会被以垂直于金属尖端表面的方向强烈排斥。这些气体会被探测到，从而形成一个由金属尖端产生的复杂图像。

扫描电子显微镜：在这种显微镜中，一端的金属电极（通常由钨制成）会被加热至产生电子束。这些电子将被加速到另一个电极上并聚集为几纳米宽的电子束。在显微镜下放置的研究样本，经该电子束及在电极表面发生偏转的电子扫描，从而被探测器捕捉，因此成像。扫描电子显微镜形成的图像非常详细，并且可以显示出清晰的三维立体结构。

扫描隧道显微镜：这种显微镜的工作原理是量子隧穿效应。如果将一尖锐金属（通常也由钨制成）靠近研究样本的表面并且在金属和样本之间设置一个电压，那么一般而言，物理学家会认为电子不能跃过金属和样品表面之间的间隙。然而，在量子物理的世界（一个极小的微观世界）里，我们所认识的物理定律发生了改变，电子可以跃过这个间隙。电子的流动会产生电流，而电流会因与金属表面不同原子的碰撞发生变化——这些变化正是显微镜成像的关键所在。

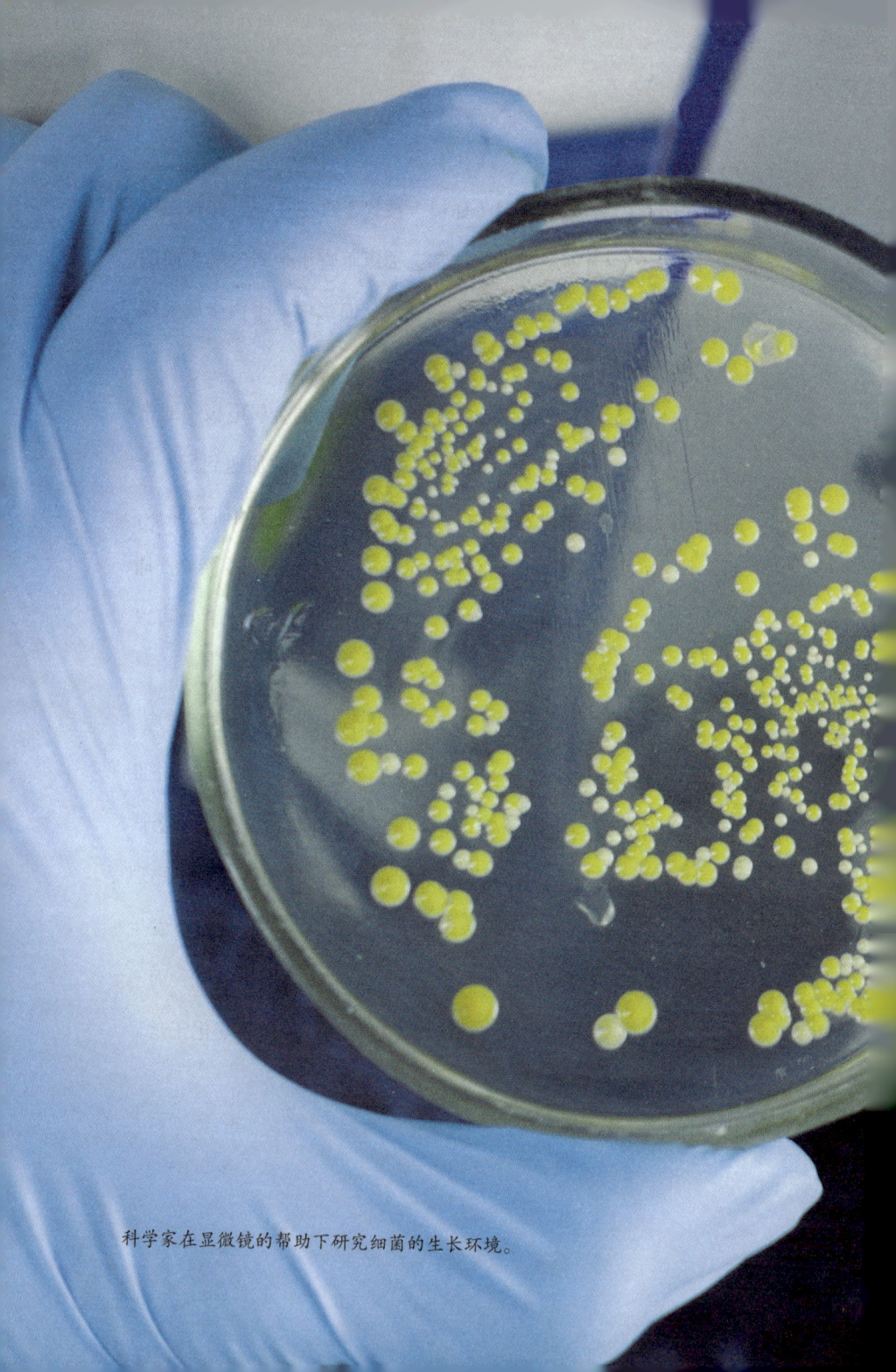

科学家在显微镜的帮助下研究细菌的生长环境。

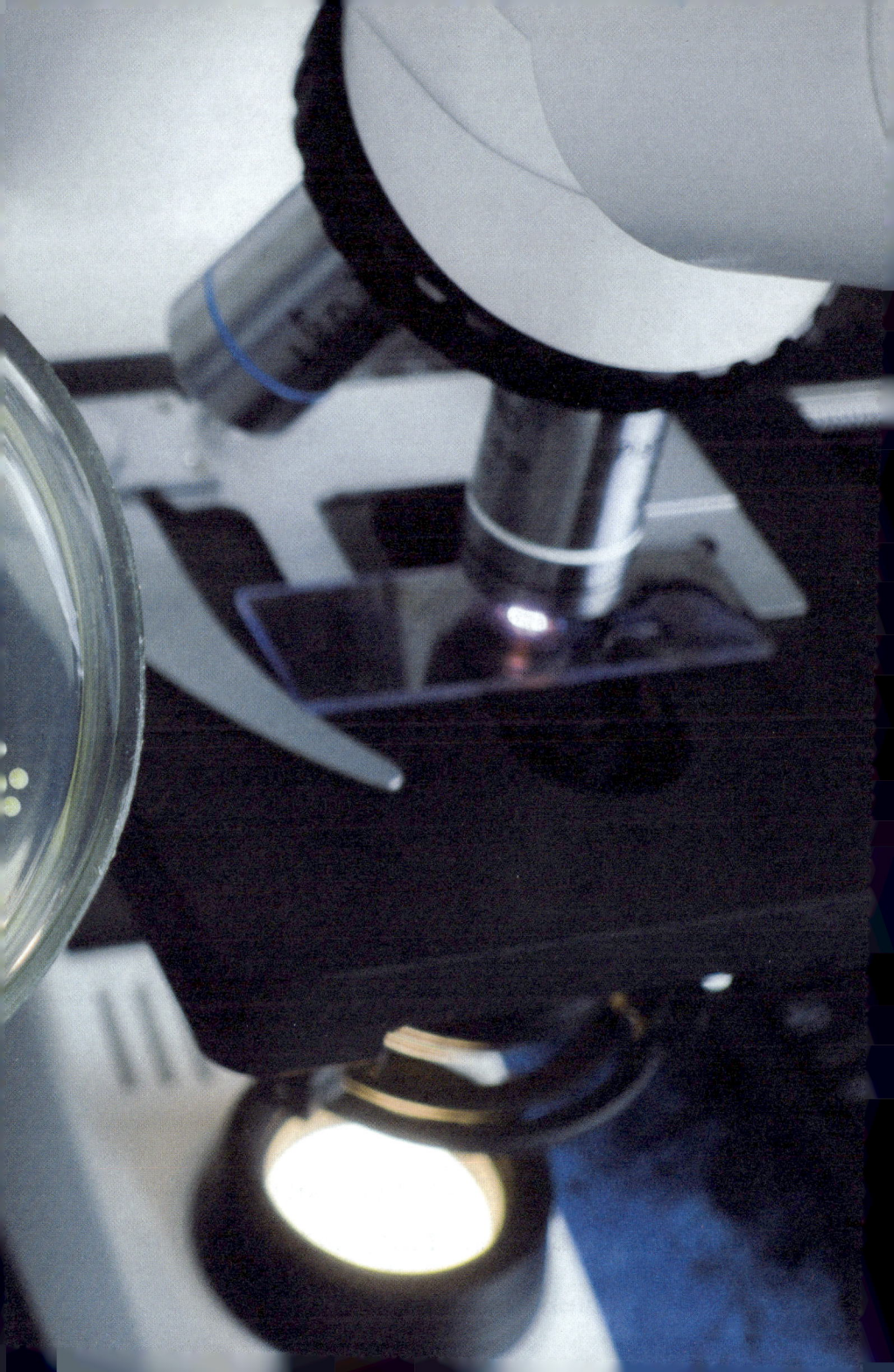

4.激光如何作用

科学家尼尔斯·玻尔（Niels Bohr）认为，原子的新模型是错误的。他指出，能量确定的电子只能在特定的轨道上运行。

在尼尔斯·玻尔的模型中，电子从原有的轨道跃迁到其他轨道上将会产生电磁辐射，比如产生X射线，并且这种电磁辐射的能量等同于电子在初始轨道能级和最终轨道能级之间的能量差，即为一定值。因为能量一定的电磁辐射（或者说光的颜色）具有独特的波长，所以每一种化学元素都有一个与其电子能级相对应的独特波长谱。这就解释了为什么由钠制成的路灯是黄色的。

✳ 光子的碰撞

在激光的形成过程中，如果向可使电子跃迁到高能级的物质中施以电磁辐射，那么其中的原子会进入激发态。如果不加干涉，原子便会自发释放出电磁辐射中的光子，从而恢复原状。但是，如果被激发的原子受到其他光子的碰撞，那么它就会释放出与先前碰撞过的光子波长相同的新光子。这就是所谓的先前碰撞过的光子的"相干性"，也是激光工作的关键。

光因受到激辐射而放大，所以简称激光。激光在工业上被广泛应用，比如切割钢材，或在键盘上刻字。

✳ 激光功率

若使光子在反光镜间来回碰撞直至其完全被释放出，那么每一次碰撞都会产生更多的光子，从而产生一个激光脉冲——所有光子的波长和相干性都完全相同。所有光子的波长和相干性都完全相同，这正是激光能量的来源。

激光功率通常是指在一定条件下激光所产生的总能量或者总光强，即在一定时空内激光所能传递的能量。

现代工业技术中，利用激光来切
割金属的技术已经被广泛运用。

✳ 强激光

激光	功率	强度	产生地	备注
狄奥克莱斯（Diocles）	100TW（10^{15}W）	10ZW/cm^2	美国内布拉斯加大学林肯分校	蓝宝石激光器，每秒可发射10次
赫拉克勒斯（Hercules）	300TW（$3×10^{15}$W）	20ZW/cm^2	美国密歇根大学	脉冲持续30飞秒，可以聚焦到人类头发宽度的百分之一。可以在10秒内再次充电
美国国家点火装置（National Ignition Facility）	500TW（$5×10^{15}$W）		美国加利福尼亚州劳伦斯利弗莫尔国家实验室	192束激光的紫外激光器，于2009年全面投入使用

激光	功率	强度	产生地	备注
欧米伽（Omega EP）	1PW（735W）	>200EW/cm^2	美国纽约州罗切斯特大学	四束激光聚焦在直径约1毫米的目标上是有可能产生1皮秒的脉冲的
伏尔甘（Vulcan）	1PW（735W）	1ZW/cm^2	英国卢瑟福阿普尔顿实验室	用钕玻璃制成的x激光可以聚焦到5微米（人类头发宽度的二十分之一）

5.如何分裂一个原子

原子的结构大同小异——它们都由中心的原子核（由正电质子和中性中子组成）以及绕核运动的电子组成。它们之所以在化学意义上有所不同，是因为质子数（原子序数）存在差异。氢原子的原子序数是1，而钙原子的原子序数则是20。当涉及原子分裂时，这一点就显得尤为便利。

核裂变，简言之，就是分裂原子，即把一个原子一分为二。那么到底如何精确地分裂原子呢？虽然直接击打原子这个办法看上去很傻，但这却是分裂原子的必经之路。

20世纪30年代，科学家们发现了轰击原子的方法。后来获得诺贝尔奖的奥托·哈恩（Otto Hahn）便是其中的一员。哈恩和他的同事们用中子轰击一些铀原子后，惊奇地发现除了铀以外，竟还存在含钡在内的其他化学元素。他们意识到铀原子已经分裂成两种更小的原子——一种是钡原子，另一种是氪原子。

6.核聚变能

除核裂变外，还有一种核反应也能释放能量。这就是所谓的核聚变——将两个原子融合在一起从而形成一个更大的原子。科学家们确信，核聚变反应正是太阳和其他恒星的能量来源。核裂变反应开始于极不稳定并含大量质子和中子的原子（如铀），而核聚变则与之完全不同——从常见的最简单的原子开始反应。

✴ 简单举例

氢元素是元素周期表上的第一个元素，这是因为它的结构很简单——氢原子核只由一个质子和一个绕核运动的电子组成。

所有的化学元素都有同位素。虽然它们在化学反应中的作用与原来的元素相同，但是它们的原子核中各自所含的中子数却不

核裂变

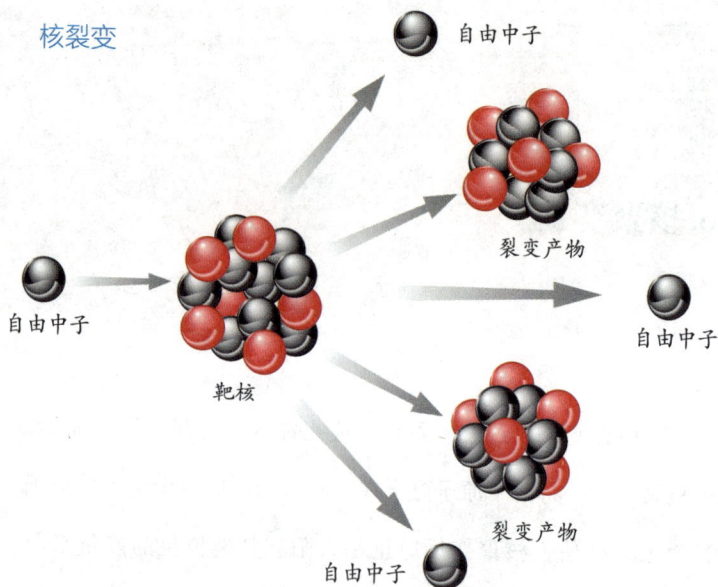

自由中子

裂变产物

自由中子

靶核

自由中子

裂变产物

自由中子

核裂变反应的示意图。自由中子在裂变时释放出巨大的能量。

同。氢有两种同位素，氘（原子核中有一个质子和一个中子）和
氚（原子核中有一个质子和两个中子）。

✳ 原则

核聚变将各元素中的电子与原子核分离并强行使两个原子核

结合在一起。只是这样存在一个问题——因为两个原子核都带正电，所以它们会互相排斥。这就像你把两个磁铁强行放在一块会互相排斥一样。然而，只要使原子核结合的力足够强，它们就可以合为一体。

氢原子核聚变的结果是形成一个含两个质子和两个中子的原子核，这恰好是一个氦原子的原子核结构。这意味着，我们成功地把一种原子的两个原子核结合在一起，并使形成的原子核结构与另一种原子相同。与核裂变反应一样，核聚变反应的副产物含有多余的中子和能量。

✳ 原子弹

尽管我们知道核聚变反应在恒星内部比比皆是，但若使其在地球上发生则要困难得多。因为这需要大量的能量来迫使原来的原子核聚在一起并合为一体。到目前为止，科学家们在进行可控核聚变反应方面只取得了极有限的研究成果——核武器，即用一枚核弹（经核裂变产生）引爆另一枚核弹（经核聚变产生），其爆炸结果几乎不可控。也许着眼于蕴含更大能量（可以击碎含必要化学元素的子弹）的激光，能使科学家们在核聚变上取得新的突破。

1945 年，美国在
日本长崎和广岛投
下原子弹。爆炸过
后，日本终于签署
了无条件投降协
议，第二次世界大
战正式结束。

7.举足轻重的核试验

首次核试验"三位一体"发生在美国的新墨西哥（New Mexico），它利用钚产生了2万吨的爆炸量。地球上最大的核爆炸发生在冷战时期，当时美国和苏联间的外交关系极其恶劣，两者在军事方面展开了一轮又一轮的惨烈厮杀。

✳ **核试验简介**

实际情况

沙皇炸弹的核装置爆炸过程虽然只持续了39纳秒（一种计时单位，即十亿分之一秒），但产生的能量却接近1%的太阳能。

试验	爆炸日期	爆炸地点	爆炸量（兆吨）	爆炸详情
沙皇炸弹（"伊凡"，RDS-220）	1961–10–30	俄罗斯新泽姆西利亚的米图西喀湾（Mityushikha Bay, Novaya Zemlya, Russia）	58	爆炸发生在距地面13100英尺（4000米）的高空，蘑菇云达到40英里（64千米）高，冲击波绕地球三圈
219试验	1962–12–24	俄罗斯新泽姆利亚（Novaya Zemlya, Russia）	24.2	苏联后期进行的大气测试之一。爆炸发生在距离地面12300英尺（3750米）的高空
147试验	1962–08–05	俄罗斯新泽姆利亚	21.1	爆炸发生在距离地面11800英尺（3600米）的高空
174试验	1962–09–27	俄罗斯新泽姆利亚	20	爆炸发生在距离地面12800英尺（3900米）的高空

怪诞科学：世界上1001种奇怪精彩的科学事实

试验	爆炸日期	爆炸地点	爆炸量（兆吨）	爆炸详情
173试验	1962-09-25	俄罗斯新泽姆利亚	19.1	爆炸发生在距离地面13500英尺（4090米）的高空
喝彩城堡（"小虾"，TX-21）	1954-02-28	俄罗斯马绍尔群岛新比基尼环礁（NovayBikini Atoll, Marshall Islandsa Zemlya, Russia）	15	由于设计时使用了瓦，爆炸量远远超过预期的6兆吨。远超预期的爆炸意味着有许多人不幸受到放射性尘埃的影响，包括马绍尔群岛的其他居民
洋基城堡（"矮子2号"，TX-24）	1954-05-05	俄罗斯马绍尔群岛新比基尼环礁	13.5	爆炸量一半来自装置中铀的裂变，另一半来自部分浓缩锂燃料的聚变。该装置重19.8短吨（18吨），长近19英尺（5.8米），直径5英尺（1.52米），在一艘驳船上被引爆

试验	爆炸日期	爆炸地点	爆炸量（兆吨）	爆炸详情
123试验	1961–10–23	俄罗斯新泽姆利亚	12.5	从飞机上投放，在离地面3500米的高空爆炸
罗密欧城堡（TX-17）	1954–03–27	俄罗斯马绍尔群岛新比基尼环礁	11	该装置在一艘驳船上被引爆，产生的爆炸量远超预期的400万吨。此次试验的蘑菇云图像被用在了麦格戴斯（Megadeth）最畅销专辑的封面上
常春藤麦克（"香肠"）	1952–11–01	俄罗斯马绍尔群岛埃内韦塔克环礁（Enewetak Atoll, Marshall Islands, Russia）	10.4	第一颗真正的氢弹——由一枚裂变弹引爆另一枚聚变弹的核弹。该装置重达82短吨（74吨），体积相当于一座建筑物，并且它不是作为一种武器设计的，更多的是对核弹这一概念的测试

✳ 核链式反应如何发生

元素裂变时，会产生一些更小的原子、能量以及最重要的中子。这些中子正是维持核链式反应的关键所在——向类似铀的元素中发射中子可以引起裂变，如果这些中子能用于继续引发下一次裂变，那么这个过程就可以实现自我循环，从而形成核链式反应。

✳ 触发关键

要触发核链式反应，就要确保反应堆周围有足够的核燃料可以被第一次核反应中的中子引爆。而触发自我循环的核链式反应所需的最少核燃料值则被称为临界质量。

对核武器而言，有时会将两份都少于临界质量的核燃料置于同一反应堆中以此超过临界值，从而产生能量，引发核链式反应并引爆核弹。

8.粒子和波

如果把一块鹅卵石扔入平静的湖面，你将会看到什么呢？显而易见，扔入石块的地方会泛起阵阵涟漪。那么这与微观世界又有何联系呢？

其实你可以把泛起涟漪的水面当作一层波或者一堆水滴。把水当作波可以计算出波纹到达岸边的时间，而看成水滴的集合则可以计算出整个湖的水量。

微观世界处处相通——物质有时可以看作波，有时又可以看作粒子。光就是一个很好的例子。

✳ 杨氏实验

19世纪早期进行的一项实验表明，光似乎与湖面上的波纹别无二致。但是当科学家托马斯·杨（Thomas Young）将一束光照射到一张有两条细缝的纸上时，观察到的不是两条被照亮的细缝，而是一系列暗带和亮带交替出现的图像。他是这样解释的：光通过每一条细缝，就像一颗小石子掉进湖里，从而引起一阵波纹从中扩散开来。这两条细缝的波纹相互作用，当波纹中的两个波峰相遇时，就会形成一个更大的波峰，即更亮的光点。当波峰和波谷相遇时，就会相互抵消，即产生黑点。杨氏实验证明，光似乎是由波构成的。

✳ 爱因斯坦的解释

然而，一个名为光电效应的实验所得出的结论却似乎与之相反。在这个实验里，将一束光照射到某种金属上，当光达到一定频率时，光电子就开始从金属表面逸出。爱因斯坦（Albert Einstein）说，如果光是由粒子构成的话，那么光电效应就只能如是解释。

爱因斯坦是全球有名的现代物理学家。

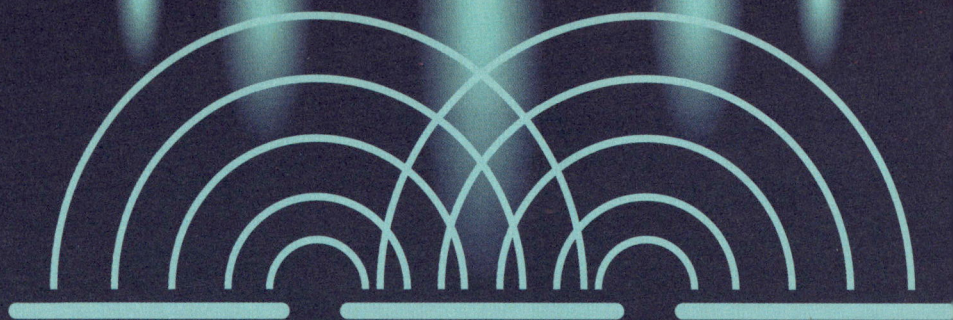

观测模式

双缝

粒子

光束

双缝干涉实验是物理学中大名鼎鼎的"诡异实验"。光的干涉现象，是光具有波动性的最直接、最有力的实验证据。

✴ 小小疑问

那么哪个说法正确呢？光是由波还是由粒子构成的？其实两者兼有之，因此，光可谓量子力学（研究原子和亚原子层面的物理定律）中最怪诞的存在之一。

更令人匪夷所思的是，诸如电子和质子类的物质，有时竟表现得既像粒子又像波。

9.大自然的力量

　　科学证明，宇宙中的一切事物都是通过四种基本力中的一种或多种而相互作用的。这表明，使月球绕地球旋转的看不见的引力，磁铁同性相斥时的奇怪作用力，阻止原子逸出的引力，以及一个物体使另一个物体运动、加速或减速的作用力，都属于以下四种基本作用力之一。

　　万有引力：这是使苹果从树上落下、使行星围绕太阳公转以及使光无法逃离黑洞的力。它的作用距离无限长，这表明，即使是位于宇宙两端尽头的小陨石间也有万有引力。万有引力虽然是四种基本力中作用最弱的，但是它的作用距离却远超其他力。

　　电磁力：这是阻止同性磁铁互相靠近的力，也是促使电机运转的力。和万有引力一样，它的作用距离是无限长的，但是它在微观上的作用能力却要比万有引力强得多。两个电子间的电磁力可能是引力的10^{36}倍。

　　强作用力：这是原子核稳定的原因。由于它的作用距离极

怪诞科学：世界上 1001 种奇怪精彩的科学事实

短——典型距离米（通常是10^{-15}米），即一个质子或中子的大小，因此以往都被忽视。然而，在这样的作用距离里，它的作用能力却是迄今为止所有作用力中最强的，甚至比电磁力强上100倍。

弱作用力：这种力的作用距离十分短——小于10^{-18}米，比质子还小。尽管它被称为弱作用力，但这只是相较强作用力和电磁力而言。而正是这种弱作用力引起了 β 衰变。

10.粒子加速器如何运行

✴ LHC 的出生地

在毗连瑞士边境的法国美丽乡村地下330英尺（100米）处，出人意料地坐落着据称是世界上最大的机器——大型强子对撞机（Large Hadron Collider，即LHC）。当它在2008年正式落成时，它是被设置在一个16英里（26千米）长的隧道内，含有世界上能量最大的粒子加速器。

✴ 粒子加速器简介

什么是粒子加速器？LHC中的粒子是带正电的质子。这些质子利用能量巨大的超导电磁铁进行加速，其速度可接近光速。要让质子发生碰撞，就要将成束的质子在实验中以相反的方向进行旋转。大型强子对撞机的工作方式表明，这些质子需要在绕对撞机一圈的四个角上相互作用。

线性加速器，如SLAC，利用带电板使粒子沿直线方向朝目标加速。

粒子加速器的核心是利用碰撞产生的超高能量来产生大量的新粒子。因为爱因斯坦的质能方程$E=mc^2$表明，物质和能量是可以相互转化的。加速器内精密的探测器将记录粒子碰撞时产生的一切变化，有时这些变化甚至可能是前所未有的新发现。

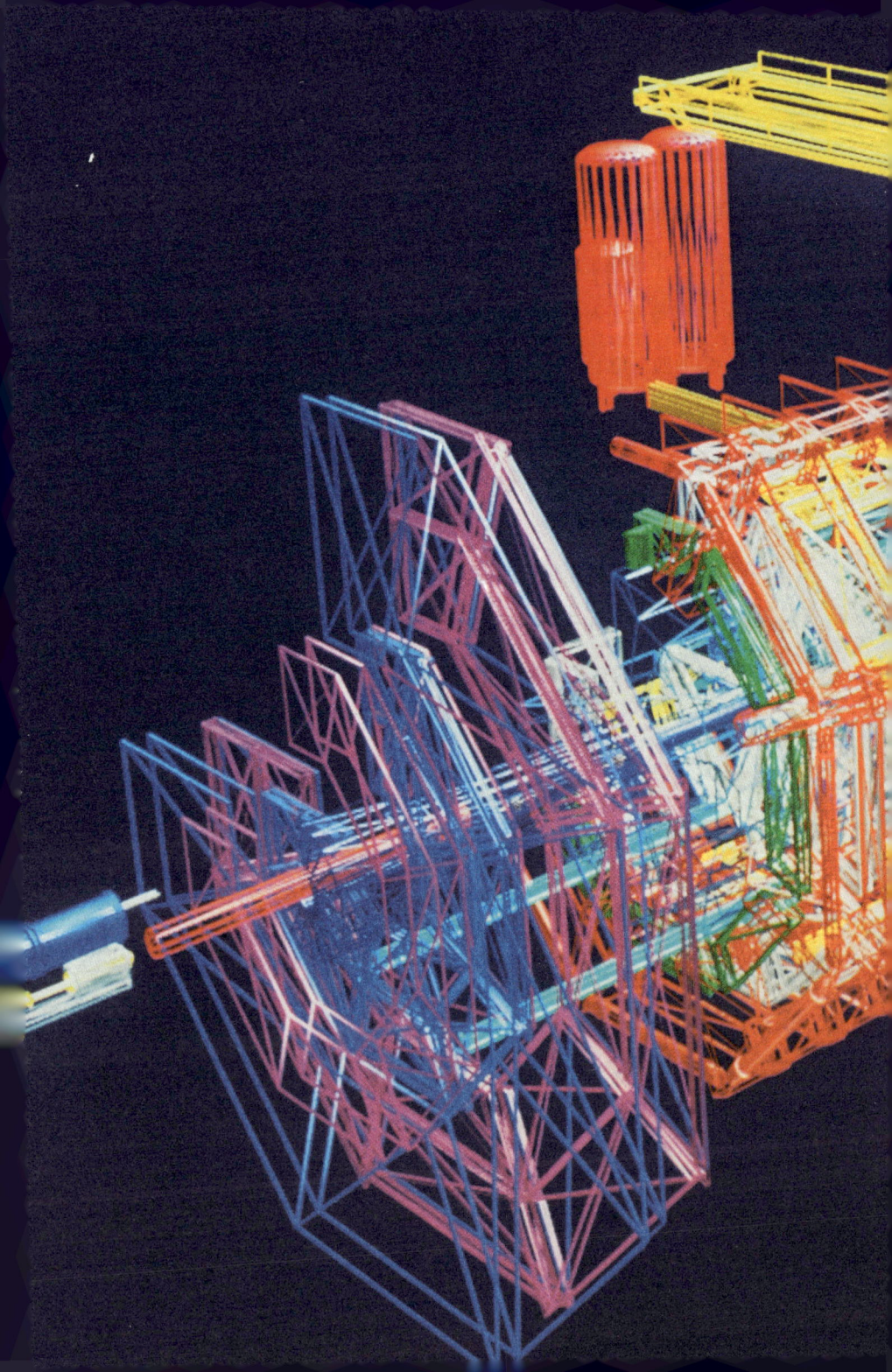

图中，阿特拉斯（ATLAS）探测器正
在质子的正面碰撞中寻找新发现，以
便了解形成宇宙的基本力量。

✳ 大型粒子试验

名称	地点	简介
阿特拉斯试验（ATLAS）	LHC下的试验，发生于瑞士日内瓦的欧洲核子研究中心（CERN,Geneva, Switzerland）	ATLAS是有史以来规模最大的粒子物理试验。探测器长150英尺（46米），宽82英尺（25米），高82英尺（25米）。2008年点火时，来自37个国家的2100名物理学家对其进行了详细研究。其目的在于探究为什么粒子有质量，以及占宇宙组成部分96%的暗物质和能量的性质
巴巴试验（BaBar）	发生于美国斯坦福线性加速器中心（Stanford Linear Accelerator Center）	正负电子相互碰撞，产生名为B介子的奇异粒子。该实验的目的在于研究宇宙中物质远多于反物质的原因

名称	地点	简介
CDF粒子试验	发生于美国费米实验室（Fermilab）	该实验在粒子加速器Tevatron（在LHC问世前是世界上最大的粒子加速器）上进行。它使质子和反质子相碰撞。顶夸克就是在这个实验中发现的
恒星试验（STAR）	相对论重离子对撞机（RHIC）试验，发生于美国布鲁克海文国家实验室（Brookhaven National Laboratory）	探测器有一栋房子那么大，重1900吨。RHIC将原子核（如金的原子核）相互碰撞，并由科学家研究其试验结果。该实验主要研究宇宙大爆炸产生后的早期变化
超级神冈试验（Super-KamiokaNDE）	发生于日本飞騨（tuó）市附近的茂住矿山（Hida）	这个实验在一个巨大的由35,400吨水组成的燃料室内进行，燃料周围的探测器可以捕捉到中微子粒子通过时发出的闪光。这个实验是为了观察公认为完全稳定的质子是否会分解成其他粒子

11. 基本粒子

科学证明，一切事物都是由基本粒子构成的。之所以称为基本粒子，是因为这些粒子自身无法再分解为任何组成部分的粒子。

粒子有两类：一类是夸克（quark），一类是轻子（lepton）。两者的区别在于，夸克受强作用力（阻止原子飞离的力）的影响，而轻子则不受其影响。

基本粒子也可以划分为三代。每一代粒子的质量都大于前几代的。第二代和第三代粒子天然不稳定，并且往往以各种方式迅速转化为第一代粒子。因此，我们所能观察到的绝大多数普通物质都是由第一代粒子构成的。

虽然上夸克和下夸克无法独立存在，但它们往往会与其他夸克相结合从而形成更大的粒子。每个原子核内的质子，都是由两个上夸克和一个下夸克组成的，并且这些夸克在前已提及的强作用力的束缚下结合在一起。然而中子却是由两个下夸克和一个上夸克组成的。

	夸克		轻子	
第一代	上夸克（u）	下夸克（d）	电子（e-）	电子中微子（ne）
第二代	粲夸克（c）	奇夸克（s）	μ子（m-）	μ子中微子（nm）
第三代	顶夸克（t）	底夸克（b）	T子（t-）	T子中微子（nt）

12. 反物质

反物质是微观世界最匪夷所思的事物之一。虽然它经常出现在科幻小说和电影中，但它却是真实存在的。每种粒子都有与之对应的反物质，比如反上夸克和反中微子等。反电子甚至有专有名词——正电子。正电子是最先被发现的，也是被研究得最多的反粒子。

✳ 相反性

反粒子是其对应粒子的"镜像"。比如，正电子带正电荷，而电子带负电荷。更有意思的是，这些粒子也具有与其对应粒子相反的基本特征。由物理定律（如能量守恒和动量守恒定律）可知，如果粒子与其反粒子相遇，那么它们就会因为这种完全相反的性质而相互毁灭——湮灭。正是这种湮灭产生了能量。

爱因斯坦著名的质能方程$E=mc^2$表明，能量和质量（重量的科学术语）是可以相互转化的。相互碰撞的电子和正电子的总质量可以在眨眼间就转化为能量（以辐射的形式产生，如X射线）。怪异的是，反之亦然。即只要守恒定律成立，那么能量也能突然转化为质量。这意味着你只凭借能量就可以创造出电子和正电子。事实上，科学家们认为，这正是我们身边一直在发生的事情，只是我们没有注意到而已。

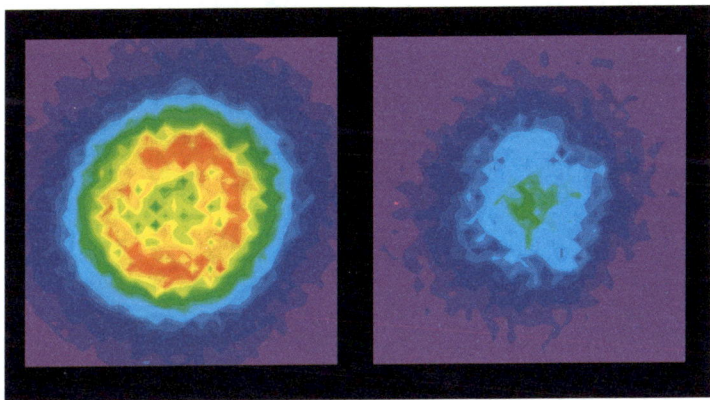

粒子和反粒子相互湮灭，产生光子。

第二章

宏观世界

1.宇宙测距

恒星是遥不可及的。尽管太阳是距离我们最近的恒星,但其离我们仍有9300万英里(1.5亿千米)远。距离太阳最近的比邻星,竟也有25万亿英里(4×10^{13}千米)远。所以,这样远的距离我们要如何测量?

✳ 视差法

一种方法是测量视差。为了便于理解,你可以在离你较远的物体前举起一根手指,然后闭上一只眼睛,随后再换另一只眼睛闭上,在此期间观察你手指的变化。你会发现,手指似乎相对于远处的物体在移动。这种明显的运动可以用来测量物体到手指的距离。同样地,它也可以用来测量物体到恒星的距离。你不妨试想地球一年里是如何绕着太阳公转的。如果你在12月观察了比邻

星到相邻恒星的距离，在来年6月再次观察时，你就会发现它的位置发生了微小变动。这是因为我们是在地球公转轨道上相距1.86亿英里（3亿千米，地球到太阳距离的两倍）的两个点上观察它的。如果你测出恒星移动的角度，那么利用简单的三角学就能测出距离。

遗憾的是，由于恒星距离我们太过遥远，这种方法只能用于少数恒星。依巴谷卫星（Hipparcos）上最先进的视差测量设备也只能测量1600光年距离内的恒星，而这个距离仍然在银河系内。

✴ 另一种方法

虽然每晚的夜空总是一成不变的，但某些星星的亮度却在不断变化。这些星星名为变星，它们的亮度变化起来极富戏剧性，短则几小时，长达几周。

一种名为造父变星（Cepheid）的恒星可以在一个恒定周期内改变亮度。更关键的是，造父变星亮度变化所需的时间与恒星的平均亮度有直接联系。

那造父变星的这个变化特点对我们有何用呢？嗯，如果存在两个亮度同时在变化的造父变星，并且我们到其中一个变星的距离已知（可能由视差法所得），那么利用两者的相对亮度差就可以测出我们到另一个变星的距离。

实际情况

如果有人站在你花园的下面举着一支蜡烛，并且你测了它的亮度，接着那个人跑到很远的地方，而你再次测了蜡烛的亮度。若你的位置到花园底部的距离已知，那么你就可以根据蜡烛的亮度差测出第二个距离。这是利用造父变星（通常被称为标准烛光）测距离的一个例子。

2. 恒星如何运动

像太阳这样的"标准"恒星，它们核心发生的氢和氦等元素的核聚变反应会为其不因引力而塌缩提供所必需的外部压力。但是，当这些核燃料用完时会发生什么呢？

①当恒星中心的氢耗尽时，聚变就会停止，并且核心压力也不再支撑它抵抗引力塌缩。

②核心塌缩将使恒星的中心温度最终上升到足以使氦聚变为碳和氧的地步，这个过程会比氢聚变消耗更多的能量。虽然恒星核心的氢元素已经耗尽了，但是导致恒星外层延伸的氢元素仍可能存在于外层和接连不断的聚变过程中。

③当内核中的氦耗尽时，内核崩溃而延伸至外层的氦继续聚变的过程会不断循环。

④下一个发生聚变的元素也许是碳。如果恒星内燃料充足，这条核聚变链就会通过一系列的化学元素继续下去，直到恒星生

恒星塌缩可能需要数十亿年。

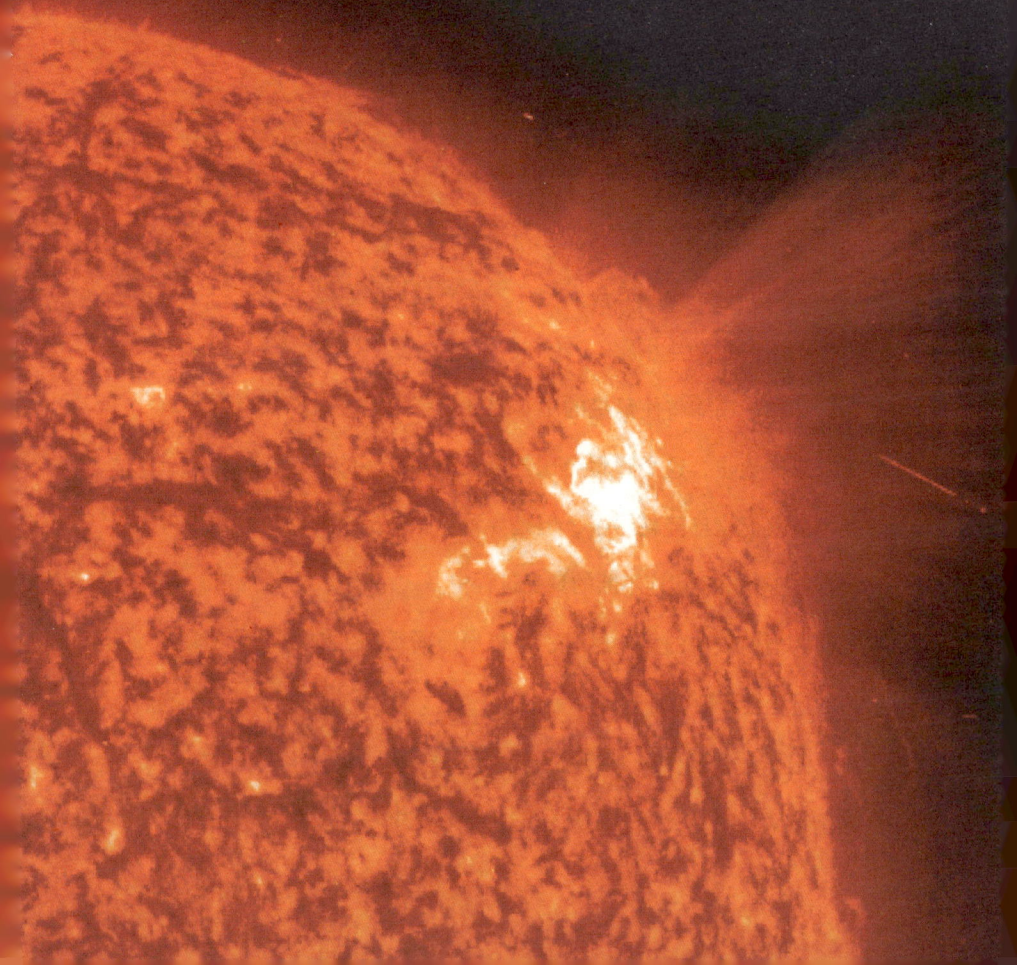

成一个铁核心为止。铁是一种特殊的元素，因为你不能从含有铁元素的核聚变中再得到额外的能量。因此，随着恒星外层核聚变元素的逐步耗尽，恒星的能源也开始逐渐枯竭。恒星死亡的方式不一，这主要取决于它们的大小。恒星主要有三种类型。

✳ 红巨星

0.5～5倍太阳质量的恒星（包括太阳）随着时间增加，最终都会变成红巨星。此时，氦融合于恒星中心而氢融合到延伸的外层上。太阳在变成一颗红巨星之前，将花费大约100亿年的时间来聚变氢，届时它的外层将延伸到水星的轨道之外。红巨星阶段将持续10亿年左右。

✳ 白矮星

对低于太阳8倍质量的恒星而言，白矮星塌缩的核心温度永远不会上升到某一点——氦以后的化学元素开始聚变的点。相反，由惰性碳和氧构成的核心逐渐形成，恒星的外层不断向外膨胀，从而形成行星状星云。

红巨星核心的氢被耗尽，在聚变
中转为外层的延伸部分。

由于恒星核心部分没有聚变发生，塌缩再次开始。如果留在核心的物质（要注意此时外层物质已经飘走了）质量不足太阳质量的1.38倍，它就会开始塌缩，直至产生电子简并压力——电子间的相互排斥力。此时的恒星即白矮星的核心，非常热，并且持续发光。慢慢地，它最终会冷却下来，并成为一颗黑矮星。

✳ 中子星

对于质量超过太阳8倍的恒星，聚变过程会一直持续到镍（最后变成铁）的生成。无前已提及的外界压力作用时，恒星开始塌缩。这种恒星内含有的物质如此之多，以至于电子简并压无法阻止其塌缩，并且原子将分裂成它们的组成粒子——质子、中子和电子。巨大的能量迫使质子和电子一起产生更多的中子，并释放出大量的中微子。中子的相互排斥作用阻止了恒星的塌缩，同时产生一个向外传播的冲击波。恒星的外层在超新星爆炸中脱落，剩下的中子核被称为中子星。

✳ 黑洞

　　对真正的大质量恒星而言，它们的结局与众不同。虽然中子的相互排斥仍无法避免这些恒星的塌缩，但是在超新星脱落外层后，剩下的核心物质会继续塌缩（恒星越来越小，所以密度越来越大），直到任何东西（即使是光）都无法逃脱它的引力，即形成黑洞。

美国宇航局（NASA）公布的白矮星资料
图。白矮星是一种低光度、高密度、高
温度的恒星。因为它的颜色呈白色。体
积比较矮小，因此被命名为白矮星。白
矮星是演化到末期的恒星，主要由碳构
成，外部覆盖一层氢气与氦气。

大型螺旋星云被黑洞吞噬。北京时间 2019 年 4 月 10 日 21 时，人类首张黑洞照片面世，黑洞是宇宙中最神秘的自然现象之一。

3. 恒星如何命名

天空中许多闪闪发亮的恒星都有具体的名字。其中最著名的有天狼星（Sirius）——天空中最亮的星星，北极星（Polaris）——可以用来定位的星星，还有猎户座 α 星（Betelgeuse）——为它如此命名只不过是因为这个名字的英文发音（同 "beetle juice" 相近）让人听着舒服。

大部分恒星都是由阿拉伯天文学家命名的。参宿四就是其中之一，但是也有许多恒星的英文名是以 "al"（"the"）开头的。牛郎星（Altair）意味着鹰，英仙座 β 星（Algol）的意思则是食尸鬼。

另一种给恒星命名的方法是，根据恒星所在的星座和一个希腊字母（表示恒星在星座内的亮度）来命名。希腊字母 α 表示恒星亮度最高，其次是 β，以此类推。因此，半人马座 α 星（Alpha Centauri）是半人马座中最亮的恒星。

天文学家面临的问题是，尽管望远镜越来越先进，能够观测

到的恒星也越来越多，但是与此同时，令人眩晕的恒星名字也层出不穷。因为目前观测到的恒星数量太多，以至于根本想不出合适的名字，而且大多数恒星的名字都是由一大堆字母和数字组成的。

2006年的斯隆数字天空调查（Sloan Digital Sky Survey，SDSS）发现了1亿个天体，但这些天体竟只占夜空的四分之一。这些在调查中发现的恒星都有命名编号，比如恒星SDSS J073910.48+333353.8。这些数字代表天文学家使用的特殊坐标，可以指明恒星的位置。

4.星座

当你仰望天空时，就会明白为什么古代人会看到星星的图案。这些图案分为两种：星座和星群。天空被划分为88个官方星座。星座名字与古人连成的星星图形息息相关。有些星座是众所周知的，尤其是经常可以在占星术中见到的黄道十二宫（zodiac）星座——巨蟹座，摩羯座，白羊座。知名的星座不止于此，比如猎户星座。

星群是可识别的恒星的集合，它们有自己的名字，存在于众多星座内部或者之间。比如，北斗七星（Big Dipper）——大熊星座（Ursa Major）中最亮的七颗星以及夏季三角（Summer Triangle）——由牛郎星（Altair）、天津四（Deneb）和织女星（Vega）组成。

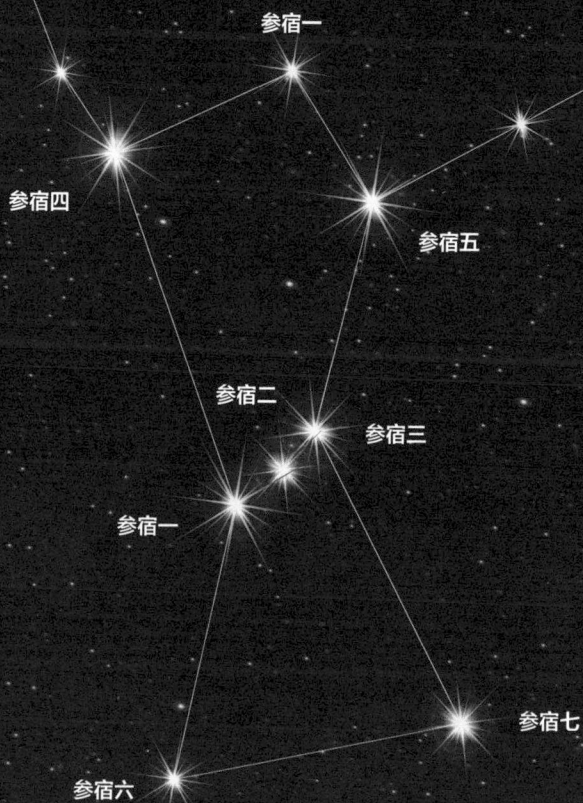

参宿六

参宿一

参宿四

参宿五

参宿二

参宿三

参宿一

参宿七

参宿六

猎户座是赤道带星座之一，也是全天亮星数量和密度最高的星座之一，在古希腊神话中，留下了诸多关于猎户座的传说和故事。

北半球

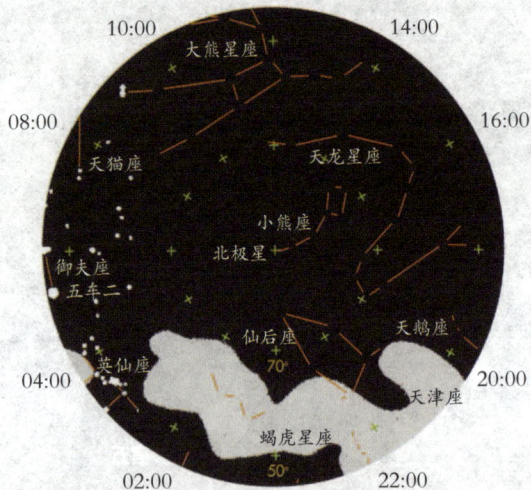

10:00　　　　　14:00

大熊星座

08:00　　　　　　　16:00

天猫座　　　天龙星座

小熊座
北极星

御夫座
五车二

仙后座　　　天鹅座

04:00　　英仙座　　70°

蝎虎星座　　　天津座　　20:00

02:00　　50°　　22:00

南半球

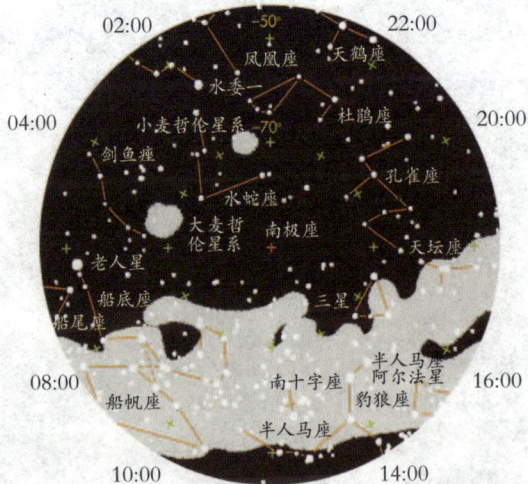

02:00　　-50°　　22:00

凤凰座　　天鹤座

水委一

04:00　　小麦哲伦星系　70°　杜鹃座　　20:00

剑鱼座　　　　　孔雀座

水蛇座

大麦哲伦星系　南极座　天坛座

老人星

船底座　　　三星

船尾座

08:00　　　　半人马座　16:00
南十字座　阿尔法星

船帆座　　　　豹狼座

半人马座

10:00　　　　14:00

南北半球的星座。

✳ 由你命名

另一种非官方的星星命名方式是"星星注册"——你可以买下星星的命名权，得到一个有星星名字的证书。但是国际天文学家协会IAU不承认这些名字，并直言道："就像生活中的真爱和其他美好的事物一样，夜空下的美景并非商品，人人都可以免费观赏。"

尽管这种命名方式是非官方的，但还是有成千上万的人为其命名。

以下是其中很不寻常的一些名字：

小布西小姐：这颗星位于飞马星座。你需要一个好的望远镜才能看到它，因为它的亮度是天狼星的300万分之一。

松露猪：这颗黄白色的星星大约有1.5个太阳那么大。它位于巨蟹座，距离地球约685光年。

豪猪龙虾：这颗橙色星星位于大熊星座（Ursa Major），距离地球约2150光年，可能只比太阳小一点点。

性感少女：我们可以假设，不管性感少女是谁，她都是双鱼座——因为那是她所在的星座。性感少女是十分"火热"的，其表面温度约4000度。

臭气熏天：这颗白星由一位长期忍受弟弟气味的姐姐命名。

它位于人马座，比太阳大两到三倍，用双筒望远镜就能看到。

✳ 一些奇怪的星座

空气泵与安蒂拉星座（Antilla）：这个星座内的恒星寥寥无几，由法国修道院院长和天文学家尼古拉斯·路易斯·德·拉卡耶（Nicolas Louis de Lacaille）在18世纪命名，以纪念法国人丹尼斯·帕平（Denis Papin）发明的空气泵。然而，空气泵实际上是德国人奥托·冯·格里克（Otto von Guericke）发明的。

贝蕾妮丝（Berenice）的头发与后发星座（Coma Berenices）：这个星座曾是与之邻近的狮子座的一部分，就像狮子尾巴上的一簇毛发。它以埃及女王贝蕾妮丝二世的名字命名。据说，如果女王的丈夫从战争中平安归来，她就会剪下长发送给上帝。她的丈夫平安归来后，众神（其实可能是某个狡猾的天文学家）便把女王的头发放到了夜空中。

右角矩尺座（Norma）：拉卡耶的又一命名。它没有真正发光的恒星，因为其中最亮的两颗恒星已经被邻近的天蝎座"偷走"了。但是它确也拥有一些震撼人心的深空天体，其中包括开放星团NGC6087和细环星云。

5.外太空由何构成

太空这个词很好地解释了恒星和星系之间存在的物质——实际上几乎不存在。由于"空无一物",每立方厘米的空间里可能只有一个原子——这是地球上前所未有的真空。

✳ 银河系

银河系由上千亿颗恒星组成,形成于由大爆炸释放出的气体和尘埃的微小变化之中,其内有各种各样的奇形怪状之物。

✳ 螺旋星系

螺旋星系有"传统"的星系外观——迄今为止观察到的所有

星系中，约有70%是这种类型。搅拌一杯咖啡，然后加一些奶油，你就知道螺旋星系的外观是什么样的了。通常，螺旋星系中央有一个由尘埃和气体组成的团状物，其中往往有两个紧密缠绕的臂状物。尽管很难想象，但我们生存的星系——银河系，也是一个螺旋星系。从地球上我们可以看到，银河就像一条横跨天空的明亮的星星带。这是因为太阳和太阳系都在银河系内。

太阳系中的各大行星。

❋ 棒旋星系

螺旋星系分为两类：一类是普通的螺旋星系，比如我们的近邻仙女座星系；另一类是棒状螺旋星系即棒旋星系，二者在螺旋星系中大概各占一半。棒旋星系的中央有一个团状物，其中贯穿了一条由恒星、气体和尘埃组成的带状物（末端有螺旋臂缠绕）。这条带状物被认为是气体和尘埃流动的通道，为新恒星的诞生提供原料。显而易见，银河系是一个棒旋星系。

❋ 椭圆星系

现存的星系大多数是椭圆形的。在这些星系中有一些几乎是圆形的，而其他的则是细长的椭圆形。不过这可能是因为我们从地球上看到它们的方式不同，而不是因为它们的实际形状有任何显著差异——就像一个飞盘的形状之所以看起来千变万化，主要是因为你看它的角度不同。目前许多天文学家认为，椭圆星系是两个螺旋星系碰撞的结果——两个星系之间相互的引力作用使各自外形趋于平滑。

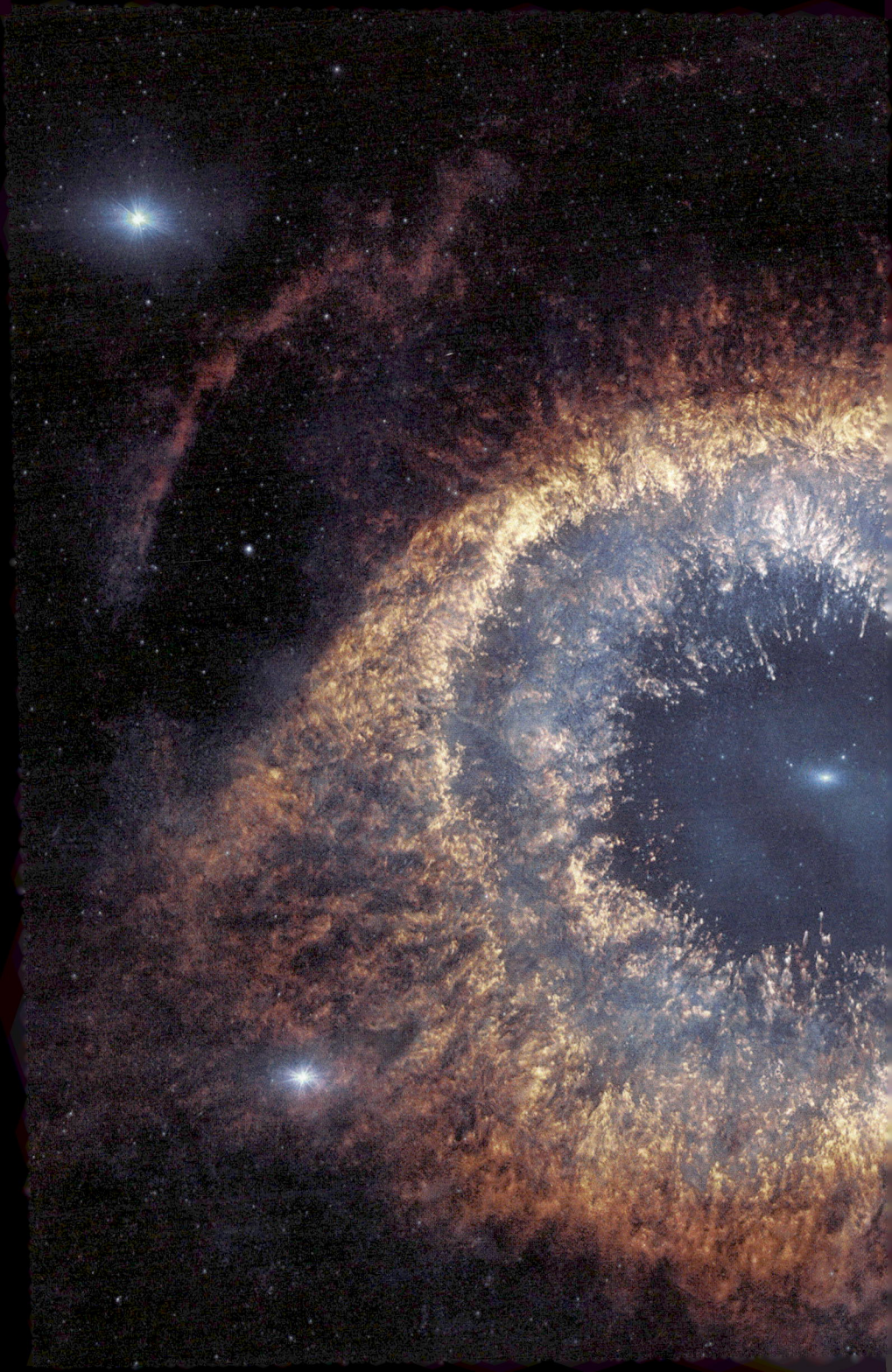

位于水瓶座附近的大型螺旋星云。

✴ 不规则星系

有些星系不属于任何类别并且形状与众不同，占我们已知星系的四分之一左右。天文学家认为，这些奇怪的形状可能是星系在引力作用下，经碰撞或与其他星系的摩擦而被扭曲形成的。

✴ 大爆炸

大多数宇宙学家认为，宇宙生成于137亿年前的"大爆炸"中。那时，我们在宇宙中看到的一切——恒星和星系中的气体与尘埃以及我们在地球上看到的岩石、水和动物，都被挤进了一个无限小的点（奇点）中。有人认为是一些微小波动使宇宙变得不稳定，从而引发它迅速膨胀。

✴ 扩大空间

这个理论被英国宇宙学家弗雷德·霍伊尔（Fred Hoyle）命名

为"大爆炸"（Big Bang）。事实上，虽然霍伊尔赞同另一种宇宙理论并将"大爆炸"的理论看成个笑话，但这个名字却得以沿用至今。其实"大爆炸"根本不是爆炸，而是突然且迅速地膨胀。许多人都以为当时发生了一次使气体和灰尘飞向四面八方的大爆炸，并由此形成了恒星和星系。但事实并非如此。相反，这只是时空本身的结构在膨胀。试想，如果你在一个气球表面画一些点来代表星系，然后往气球里面充气，那这些点自然就会离得更远。

✳ 何以得知

我们怎么知道大爆炸发生在137亿年前？20世纪20年代，天文学家埃德温·哈勃（Edwin Hubble，哈勃太空望远镜就是以他的名字命名的）在威尔逊山天文台（Mount Wilson observatory）使用一架望远镜来观察所谓的星云。他曾经通过造父变星来测量这些星云点离地球有多远，从而发现这些点在银河系之外。事实上，它们是其他星系。然后他测出它们的光被红移了多少，并计算出其运动的速度。他意识到，一个星系离我们越远，它远离我们的速度就越快。

✳ 哈勃定律

1929年，E.P.哈勃发现河外星系视向退行速度与距离成正比，即距离越远，视向速度越大。哈勃定律通常被用来推算遥远星系的距离。

试画一张速度与距离之比为直线的图表。如果你能从表中明白一辆时速为每小时30英里（50千米）的车行驶90英里（145千米）所花费的时间是三个小时的原因，你就可以计算出各星系在宇宙中旅行的时间，即自宇宙大爆炸以来星系出现的时间。虽然哈勃弄错了这个时间，但是现在回头来看，我们已然意识到那是137亿年前。

✳ 宇宙有多大

你可能会想，如果宇宙已经产生137亿年，而宇宙中物体的运动速度最快可达光速，那么宇宙就有137亿光年那么宽？大错特错。事实上，因为是宇宙空间本身在膨胀，所以它不受光速的限制，宇宙可以是任意大小。目前而言，宇宙学家认为如今的宇宙大约有1560亿光年宽。

☀ 宇宙最初的38万年

宇宙学家一直热衷于研究大爆炸后的最初阶段——在宇宙诞生后的前三分钟，事物可谓瞬息万变。

大爆炸后的时间	变化
10^{-43}秒	早期，宇宙中没有四种基本力，只有一种超力（其后被削为四种力）
$10^{-43}\sim10^{-36}$秒	超力从其中分离出来
$10^{-36}\sim10^{-32}$秒	初生的宇宙通过空间膨胀迅速扩大——它的体积在这段时间内膨胀了10^{78}（1后面有78个0）倍，内部空间变得平滑和平坦
$10^{-32}\sim10^{-12}$秒	产生弱作用力和电磁力
$10^{-12}\sim10^{-6}$秒	第一批夸克形成
$10^{-6}\sim1$秒	第一批质子和中子及其反物质生成，但很快相互湮灭
1秒~3分钟	第一批电子和正电子（电子的反物质）生成，但很快相互湮灭

大爆炸后的时间	变化
3分钟~38万年	宇宙中充满了来自湮灭的辐射，它们以光子的形式存在。在这个时代终结时，如今所见的宇宙微波背景就是光子

✳ 其他宇宙理论

一种理论认为，宇宙是永恒并不断膨胀的，时不时地会产生新物质以维持宇宙的整体密度；另一种理论——万能胶理论，认为宇宙在类似煎饼和雪茄的形状之间来回变化。

6. 大型望远镜

大型双目望远镜（Large Binocular Telescope）：耗资1.2亿美元建造，设计得别出心裁——将两个27.5英尺（8.4米）宽的镜子彼此紧挨着，就好像一对双筒望远镜一样。该望远镜重600吨（545公吨），位于亚利桑那州（Arizona）东南部的格雷厄姆（Graham）山山顶，于2008年1月首次对星系NGC 2770进行了双目观测。

加那利大型望远镜（Gran Telescopo Canarias）：这台价值2亿美元的望远镜在2007年7月进行了首次观测。它的主镜被分割成36个六边形块，其聚光能力相当于34.1英尺（10.4米）宽的圆镜，坐落在加那利群岛拉帕尔马（La Palma, Canary Islands）的一座休眠火山顶部。它研究的是除太阳以外的恒星。

凯克1号（Keck 1）和2号（Keck 2）望远镜：凯克天文台也坐落在一座休眠火山——夏威夷（Hawaii）的莫纳克亚火山（Mauna Kea）的顶部。天文台实际上有两个望远镜，分别重300吨（275公吨），各安有一面32.8英尺（10米）宽的镜子。一个在1993

年开始观测，另一个在1996年开始观测。这些望远镜用于研究星系的形成，并观察所谓的引力透镜——能使其他距离更远的天体发出的光弯曲的天体。

哈勃太空望远镜（Hubble Space Telescope）： 哈勃望远镜虽然可能没有上述的望远镜那么大，但它有一个优势是其他望远镜无可匹敌的。它那7.9英尺（2.4米）宽的镜面位于地球大气层之外，每97分钟即可环绕地球一周。这样形成的图像不仅会非常清晰，而且所展示出的宇宙景象也总是让天文学家啧啧称奇。

✳ 现状

迄今为止，任何人造产品，更不用说照相机，都不能观测到银河系外的遥远空间，也都不能拍摄到银河系之外的照片。

✳ 红移和蓝移

日常生活中碰到的警车鸣笛就是这类科学原理的一个典型例子。众所周知，声音在传播时会发生变化。不是警笛而是所谓的多普勒效应改变了声音的音调。在多普勒效应的作用下，运动物

体的声波会被压缩或拉伸——这取决于物体是靠近还是远离你。光波（以及其他电磁辐射，如X射线和微波）也会发生类似的情况。远离你的物体会"变红"（用科学术语来说，它们的波长会变长），而靠近你的物体会"变蓝"（波长会变短）。因此，这种效应被称为红移或蓝移。

通常，光的这种效应用肉眼难以看见，因为这种情况下物体是以光速在运动。但是，借助遥远的星系却可以进行观察。

✳ 宇宙拿铁（Cosmic latte）

2001年，约翰霍普金斯大学（Johns Hopkins University）的卡尔·格雷布鲁克（Karl Glazebrook）和伊万·鲍德里（Ivan Baldry）进行了一项有关宇宙各星系发出的光的颜色的研究。其研究表明，宇宙中光的平均颜色是米黄色。在《华盛顿邮报》（*Washington Post*）的一篇文章中，格雷布鲁克开玩笑地询问了关于这种颜色命名的建议。其中一位读者建议将其命名为宇宙拿铁，最终沿用至今。

✳ 红移蓝移现象不能直接通过肉眼来观察，却可以经由单一光源的光谱测得——借助遥远星系上的某个天体（比如某颗恒星），从该天体上测得不同的吸收和发射谱线，进而确定红移值。鉴于原理较为复杂，原文只是简单提了一句，因此此处不作详细说明。——译者注

1990 年 4 月 24 日，美国肯尼迪航天中心成功利用"发现者"号航天飞机发射哈勃太空望远镜，它的主要任务是探测宇宙深空，解开宇宙起源之谜，了解太阳系、银河系和其他星系的演变过程。

✳ 宇宙微波背景

早在20世纪60年代，就有两名工程师曾尝试发明一种新型微波（正是那些可以用来在微波炉里加热食物的东西）通信设备。问题是他们用来收集微波的接收盘总是会产生很多噪音。他们检查了一切设备，甚至检查了盘子，以确保没有鸟儿在盘子上留下任何东西。最后，他们意识到嘈杂的微波来自天空——不是来自接收盘的某一处，而是来自它的四面八方。随着各种宇宙猜想的出现，他们意识到这些噪音实际上是大爆炸遗留下来的辐射，并且现今的温度降到只比绝对零度高3摄氏度。

✳ 仰望夜空时，所见为何

我们现在知道光速不是无限快的，而是以每秒186000英里（299338千米）的速度传播。这就产生了一个非常难以理解的结论：你在仰望夜空时看到的星星实际上遥不可及。

✳ 回溯过往

　　比邻星（Proxima Centauri）是除太阳之外离我们最近的恒星——距离我们只有4光年。因此，当你看到比邻星的时候，由它发出的光实际上花了4年才到你眼前。同理，天狼星（Sirius）离我们有8光年，所以来自天狼星的光需要8年才能为我们所见。这意味着，我们看到的其实是4年前的比邻星和8年前的天狼星。这两颗恒星在相应时间内都有可能爆炸或变成亮粉色，而我们无从得知。所以当我们仰望夜空的时候，我们看到的是过去；对非常遥远的物体而言，我们看到的是非常遥远的过去。如果我们看得到这些非常遥远的物体，或许我们就可以看到它们在大爆炸前后的样子。

7.虚拟太空望远镜下可见的5种物体

谷歌的天空视图（www.google.com/sky）：它是互联网的一个奇迹，一个映有宇宙奇观的可缩放的地图。

车轮星系（Cartwheel Galaxy）：不寻常的车轮形状是因为在与另一个星系的碰撞中，引发了大量新恒星的诞生。X射线从黑洞边缘释放出来，吞噬气体和尘埃。

半人马座A（Centaurus A）：距离地球约1100万光年。星系内的气体现正释放出高能X射线，加热了周围一大圈的物质。

蟹状星云（Crab Nebula）：这是一颗超新星的遗迹，被天文学家称为1952年的NGC，在1054年爆炸后的两年内一直可见。

草帽星系（Sombrero Galaxy）：这个位于处女座的螺旋星系可以从地球的侧面观察到。其上有一个巨大的发光的恒星凸起物，被一条深色的尘埃线一分为二，看起来就像一顶帽子——名副其实。

创造之柱（The Pillars of Creation）：有关恒星诞生的最清晰

的图像。这些巨大的气体和尘埃柱是天鹰星云（Eagle nebula）的一部分，距离地球约7000光年。

✳ 诡异的黑洞

黑洞是宇宙中最奇怪的物体之一。虽然我们从未直接看到过，但天文学家认为它们潜伏在大多数星系的中心。因为黑洞深不见底，所以对于那些从旁经过或者落入其中的物体，黑洞对其施加的影响是诡秘莫测的。

✳ 时空"静止"

时间和空间会在黑洞等重物周围被扭曲。试想，一位热爱冒险的朋友想要进入一个黑洞的内部一探究竟，而你用极厉害的望远镜可以对此进行全程观看。由于时间的扭曲，你的朋友在接近黑洞时的速度似乎越来越慢，直到他看起来完全停止。然而他并没有真正停下来，因为就你朋友的速度而言，它还是原来的速度。这是"相对论"的怪异效应之一。

蟹状星云位于金牛座，
于 1731 年首次被发现。

✳ 意大利面化

你离物体中心越远，引力就越小。比如，头部的重力就比脚趾稍弱。

然而在黑洞附近，情况就大不相同了。如果脚先掉进黑洞，脚上的重力就会比头上的重力大得多。如果你没有被黑洞周围的辐射杀死，你的身体就会像意大利面一样被拉得越来越薄，最终你会被撕成碎片。

✳ 白洞和虫洞

爱因斯坦的广义相对论告诉我们，黑洞是存在的。但它也告诉我们，其他奇怪的物体也可能存在：白洞和虫洞。

白洞是黑洞的反义词——物质从中倾泻而出，而不是被吸引进来。然而，尽管科学家们相信它们可能存在，但它们从未被观测到。引人遐想的是，在宇宙的某个地方有一个黑洞，而在另一个完全不同的地方有一个白洞，它们之间由一种叫作虫洞的东西连接着——虫洞是连接两者的桥梁。不过遗憾的是，我们好像并

不能利用它们实现瞬移。因为，辐射和巨大的引力会把我们自身和我们的宇宙飞船击成碎片。

✳ 引力透镜

爱因斯坦是第一个意识到引力可以强大到使光弯曲的人。在此之前，科学家们认为，因为光没有质量，所以苹果从树上掉下来不会受到光的影响。爱因斯坦说，像恒星这样的重物会使空间本身变形。试想，在床单上放一个西瓜，床单上被西瓜压变形的地方就代表了重物附近的空间扭曲状况。把一颗葡萄滚到西瓜旁边，它的路径就会变弯。光也是如此。

假设有一个非常重的物体，比如一个包含数百万颗恒星的星系，在它的前方还有另一个星系存在。如果你从地球上看前者，那么它发出的光就会被后者弯曲，最终看到的是一个被弧形光包围的星系失真图。这种现象被称为引力透镜效应。

8.脉冲星、类星体及其他超自然物体

除了宇宙中数以亿计的普通恒星外，天文学家在探索夜空时还发现了其他一些不可思议的事物。

✷ 脉冲星

在20世纪60年代，天文学家观察到一个物体，它看起来像是某种宇宙灯塔，定期向地球发射出一束辐射。他们最初认为这是外星人发出的信号，但实际上这是一颗在巨大磁场中快速旋转的中子星。这意味着它在释放 X 射线的脉冲星周围会释放出人量的 γ 射线，形成的光束速度快到绕其一圈只有几毫秒或者几秒钟。

✷ 类星体

类星体是类似恒星天体的简称。它们像脉冲星一样发出大量的光辐射，但这种光辐射是无线电波而不是X射线或γ射线。我们起初认为它们是恒星或类似恒星的天体，但它们现在被看作星系的中心，而且距离我们很远，只能看到毫无特征的斑点。人们认为，这些星系中心的超大质量黑洞是其发射无线电波的原因。

✳ 最遥远的天体

虽然有关最遥远的天体的纪录一直在打破，但目前该纪录的保持者是一个名为A1689–zD1*的星系。它离我们约130亿光年（因此我们现在看到的星系是130亿光年前即大爆炸仅仅7亿年之后的）。在可见光下是不可能观察到它的，但是在哈勃太空望远镜（Hubble Space Telescope）和斯皮策太空望远镜（Spitzer Space Telescope）联手下通过红外线就可以观测到它。人们认为，这个星系当前正在经历一次有关恒星形成的大爆炸。

---

* A1689–zD1和z8_GND_5296两个星系与地球的距离差实际上比较接近（前者130亿光年，后者131亿光年，红移量皆在7.5附近），都可以称作距离地球最遥远的天体之一。另外据最新消息，GN–z11星系似乎是距离地球最遥远的天体（134亿光年）。虽然已经观测到，但仍需更多证据去验证。——译者注

第三章

外太空

1. 如何记住行星的顺序

你永远不知道学习行星的顺序可能会在什么时候派上用场。大多数人记忆行星的顺序会使用助记符——便于人们记忆的符号，与真正所要记忆的东西有某种联系。在英文中，其首字母可能与要记忆内容的首字母相同。比如，在 2006 年以前，人们可能会这样记忆九大行星："My Very Excellent Mother Just Sent Us Nine Pizzas..."，即"我非常优秀的母亲刚刚给我们送了 9 个披萨——水星（Mercury）、金星（Venus）、地球（Earth）、火星（Mars）、木星（Jupiter）、土星（Saturn）、天王星（Uranus）、海王星（Neptune）和冥王星（Pluto）。"

这个记忆法通俗易懂，直到世界天文学家的管理机构——国际天文学联合会认定冥王星实际上只是一颗矮行星，才慢慢被弃用。

水星

金星

地球

月亮

火星

木星

土星

天王星

海王星

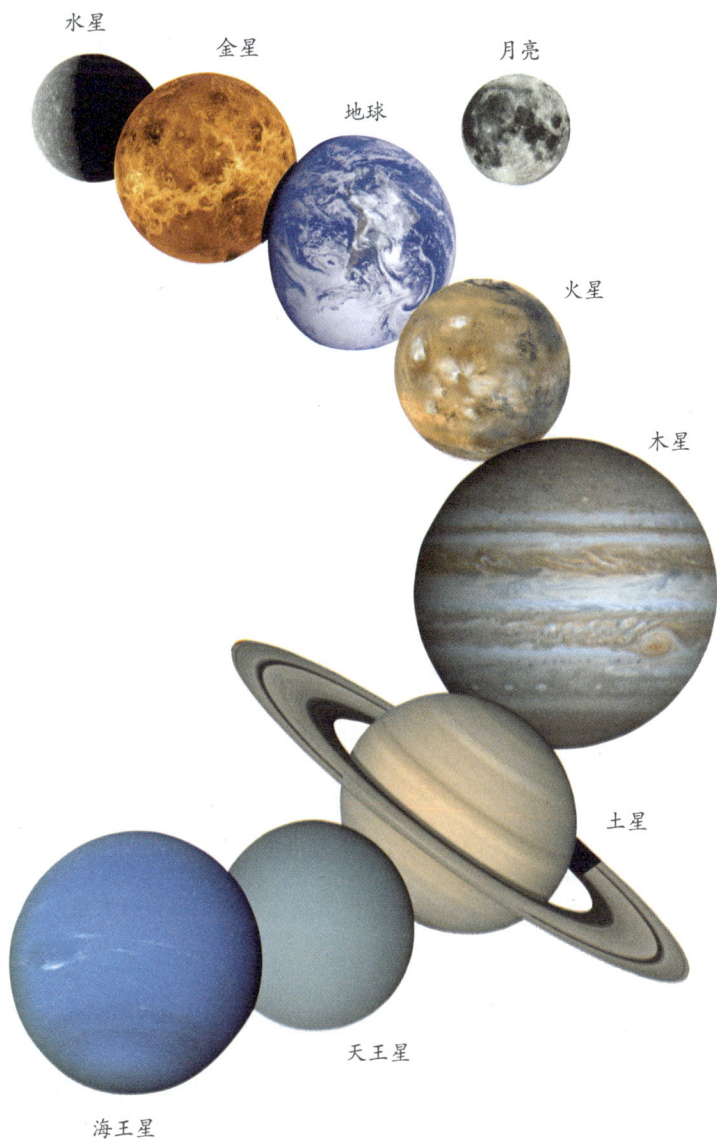

太阳系中的八大行星。

2.行星酷事

水星：水星大约是地球直径的五分之二，每88个地球日绕太阳一周。与地球每24小时自转一周不同，水星自转一周需要59个地球日。因为水星离太阳最近，所以它的表面昼夜温差最大。在黎明之前，其表面温度是−292℉（−180℃）。到了下午，表面温度将飙升到806℉（430℃），热得足以融化锡。

金星：如果你觉得水星很热，那不妨看看金星。尽管金星离太阳稍远，但其表面的温度却超过496℉（480℃）。原因在于金星表面的二氧化碳云层——仿佛给金星披上了一面厚重的斗篷，就像一个温室，使表面温度上升得很高。大气中也含有大量的硫酸，但是它们会在降雨时接触到金星表层的一瞬就挥发掉。

火星：火星的半径是地球的一半，质量是地球的十分之一。火星大气层大部分（95%）是由二氧化碳组成的。因为火星表面覆盖着红色和粉红色的尘埃和岩石，所以它又被称为红色星球。火星上的奥林匹斯山（Olympus Mons）是太阳系中已知的最大的火

山。它从山脚到峰顶有16英里（27千米）高，是珠穆朗玛峰的三倍，宽340英里（550千米）。

木星：这是太阳系中最大的行星。事实上，它的质量是其他所有行星质量总和的两倍多。像木星这样的行星被称为气态巨行星（以区别于像地球这样的岩石类类地行星），但它们其实不仅仅是由气体组成的。

木星大气层是由氢和氦组成的，但是行星内部的压力和温度足以迫使这些元素（我们称之为气体）变成液体，甚至是固态。这颗行星最明显的特征是大红斑——一场在行星大气中持续了400多年的巨大风暴。三个地球才装得下这个大红斑。

土星：土星是另一个气态巨星。和木星一样，它主要由氢和氦组成，大部分组成物质是液态的，但有一个冰冻的岩石内核，据称是地球的10到20倍。对其表面大气的研究表明，位于赤道和两极的大气以不同的速度旋转，产生了速度超过每小时1100英里（1770千米）的超级飓风。土星最出名的是它的光环——环绕在其表面的由尘埃和冰组成的巨大圆盘。土星环从土星表面向外延伸至75000英里（120700千米），但其厚度可能只有60英尺（18米）。

天王星：当英国第一位皇家天文学家约翰·弗兰斯蒂德（John Flamsteed）在1690年第一次发现天王星时，他把它误认为是一颗恒星。直到1781年，它才被威廉·赫歇尔（William Herschel）确定为一颗行星。为了纪念英国国王乔治三世，他最初将它命名为

土星有着巨大而漂亮的光环。

乔治姆·西多斯（Georgium Sidus，乔治之星），但后来它被重新命名为希腊的天空之神（而不是像其他行星一样的罗马神）。与木星和土星不同，天王星主要由含水、甲烷和氨的不同种类的冰组成。1977年，人们发现天王星有自己的光环系统，就像土星的光环一样，只是没那么壮观。

海王星：以罗马海神命名，于19世纪中期在位置被预测后发现。它的位置是基于相邻天王星的轨道变动（因海王星引力产生的变动）预测到的。它与天王星相似，有一个岩石内核、厚厚的冰体和主要由氢和氨组成的大气层。甲烷的存在意味着大气会吸收红光，使海王星呈现出鲜艳的蓝色。飓风以2400千米/小时（1500英里/小时）的速度——太阳系的最高风速穿梭在海王星的大气层中。像木星的红斑一样的巨大风暴，撕裂着海王星的"表层"。

3.地球的第二个"月球"

你知道地球（至少）有两个卫星吗？其中一个我们耳熟能详，但另一个却是鲜有耳闻。它被称为克鲁特尼（Cruithne，发音为croo-ee-nya），只有3英里（4.8千米）宽，直到1986年才被发现。

克鲁特尼（或小行星3753）最非比寻常的是它的轨道。它沿着一个标准的椭圆形轨道绕太阳（这意味着它在天文学意义上不是真正的卫星）运转，但运行轨道却与地球同步。从地球上看，它似乎沿着一个马蹄形的轨道在绕我们的星球运转，并且每770年完成一次完整的公转。

1969年7月21日，美国
"阿波罗11号"宇宙飞
船载着三名宇航员成功
登上月球。

4.行星由何构成

在很长一段时间里，人们以为月亮可能是奶酪做的，因为它有瑞士奶酪一样的麻子脸。多亏美国的阿波罗计划（US Apollo）和苏联的月球计划（Soviet Luna）将月球表面的样本带回地球，我们才得以知晓月球表面是由非常古老的岩石构成的。月球是与众不同的，因为我们确实去过那里，并且还收集了样本，最终带回了地球。

✳ 火星岩石

信不信由你——地球上有起源于火星的岩石。如果我们没有到过火星，那么这些岩石从何而来？科学家们认为，火星表面的岩石是由之前的天体碰撞而得的，从那时起，它们就一直在太空中飘移着。当部分岩石恰好穿过地球轨道时，它们开始在大气中燃烧，即产生流星。有些火星岩石非常大，它们到达地球表面时不会完全燃烧，但这种情况非常罕见。美国宇航局（NASA）表示，目前已知的火星陨石只有34颗。事实上，所有的陨石都含有一种名为辉熔长无球粒陨石（shergottite）的矿物质，以印度的雪果梯村（Shergotty）命名——1865年，第一块火星陨石在印度的雪果梯村被发现。如今，火星上的岩石大多发现于南极洲或沙漠中。黑暗的太空岩石在皑皑白雪中的确很容易被看到。

实际情况

科学家们正在认真考虑火星上存在生命的可能性。1996年，美国宇航局的科学家宣布，他们在岩石ALH84001（发现于南极冰中，但最初来自火星）的成分中发现了微小细菌化石的证据。随后，人们对这块石头进行了分析。学术界对此看法不一。尽管科学家们相信火星岩石中存在远古生命，但他们仍然不愿说它们来自火星——这可能算是地球的"污染"，或者说作为地球人的"偏见"。

科学家们确信这些岩石来自火星有两个原因。一方面，当他们测定这些岩石的年龄时，他们发现其不到15亿年——相对地球上的岩石而言，这些岩石确实称得上是年纪轻轻了！另一方面，构成岩石的大部分元素，如氧，在岩石中所占的比例是从未在地球或月球的岩石中发现过的。

✳ 化学元素的颜色

天文学家认为，木星表面的大气层主要由氢气及少数氦气构成。但是他们如何得知？这一切都要归功于光谱学。当你加热气体或让电流通过气体时，气体就会呈现一种独特的颜色。比如，钠灯会发出黄色的光。这是因为化学元素中的电子会从热量中获取能量，随后再以光的形式释放这些能量。不同的元素会发出许多不同颜色的光。

现在想想，如果遥远的太阳光照射到木星大气层，会发生什么呢？部分太阳光会被反射到地球，也就是我们通过望远镜所看到的光。但是我们上面提到的那种特殊颜色的光会被元素中的电子吸收，然后不单向地球而是向四面八方重新发射出。天文学家能够探测到这些光，并且根据各化学元素有关的颜色，确定大气中存在的化学物质。

用望远镜看这些行星时，它们都是不同的颜色，这取决于行星的大气是由什么构成的。水星浅灰色；金星黄色；地球是蓝色、棕色和绿色；火星红色；木星黄色；土星黄色；天王星绿色；海王星蓝色。

5.酷炫的宇宙飞船动力技术

火箭发动机： 被最广泛应用的宇宙飞船发射和驱动技术。固体、液体或气体形式的燃料与一种叫作氧化剂的东西一起被引入燃烧室，两者反应产生的热量导致混合物膨胀，最终使飞船在特定形状的喷射器的强力推动下高速运行。

离子推进器： 这些推进器使用诸如氙、汞或铋之类的燃料。这类燃料被电离（电子被剥离）并在电场中加速。燃料的正核从发动机中喷射出来并与电子重新中和，从而推动宇宙飞船前进。

质量驱动器： 这个是发射火箭的理论方法，通过一个方向上的一系列的电磁铁实现推动。航天器位于一个可重复利用的发射装置中，通过依次点燃电磁铁而沿钢轨加速。火箭在钢轨的末端发射，而发射装置被送回钢轨的起点重新利用。

太阳帆： 在概念上类似于船上的帆。与风推动船只前进

的原理不同，太阳帆是利用来自太阳辐射的压力来推动宇宙飞船。

为了利用这一点，宇宙飞船有一个巨大的可折叠的镜子风扇。镜子上轻微的压力会推动飞船前进。

太阳帆利用太阳的辐射产生推进力。

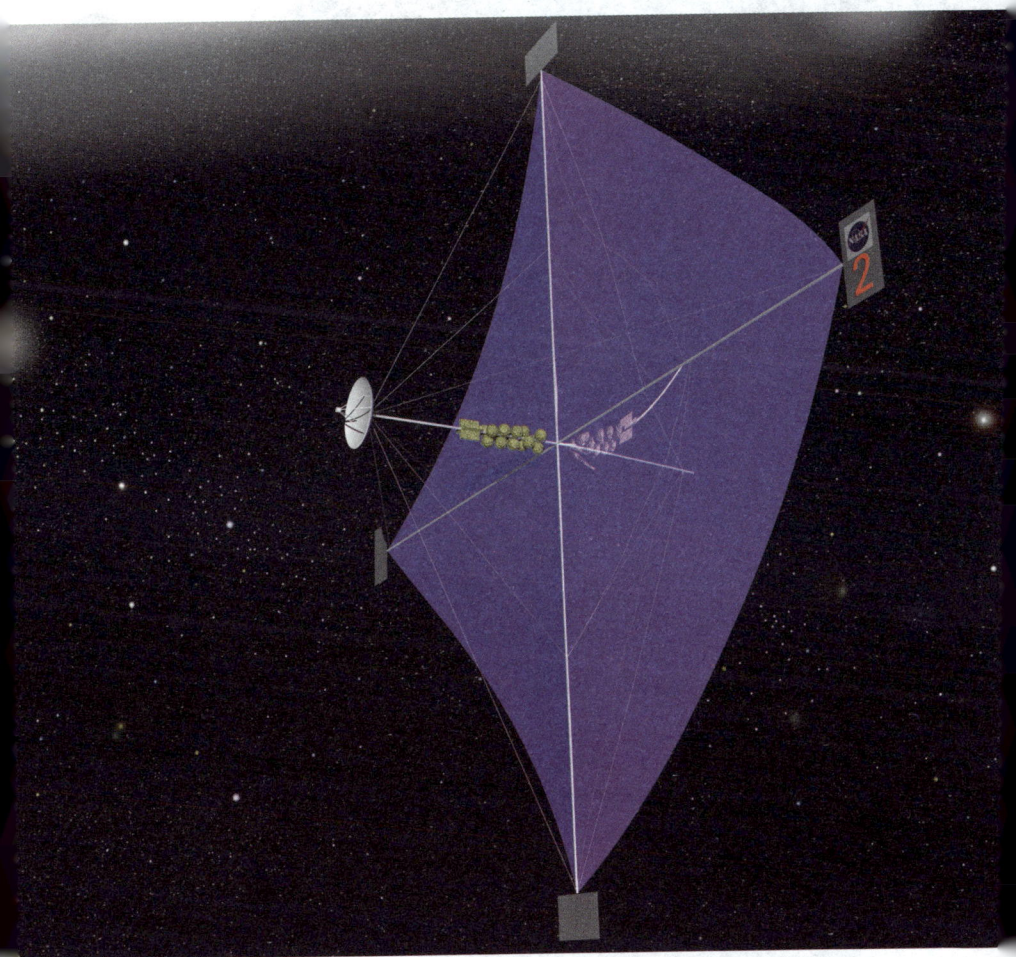

有着开放式对接舱口的航天器。

6.太空的五大任务

阿波罗（Apollo）：这一系列的任务也许是所有任务中最著名的，目标是让人类登陆月球表面。1969年7月21日，阿波罗11号的尼尔·阿姆斯特朗（Neil Armstrong）和埃德温·巴兹·奥尔德林（Edwin Buzz Aldrin）到达了月球表面［迈克·柯林斯（Mike Collins）在指令舱中绕行］，实现了这一目标。

乔托号（Giotto）：1986年，由五艘宇宙飞船组成的舰队在哈雷彗星最接近地球的时候飞过，乔托号便是其中之一。它在距彗星中心375英里（600千米）的范围内飞行，拍下了10英里（16千米）长的花生状彗核。尽管它被高速粒子击中而像陀螺一样旋转，但随后即被重新固定，并在1992年被用来访问另一颗彗星。

太空飞船一号（SpaceShip One）：这是赢得了1000万美元安萨里X大奖（Ansari X prize）的太空飞船的名字。该奖项授予了第一个建造和发射太空飞船的私人团队。该飞船能在两周内两次将三个人送到距离地球表面60英里（100千米）的地方。2004年10

月，在微软公司保罗·艾伦（Paul Allen）的资助下，航空设计师伯特·鲁坦（Burt Rutan）完成了这一壮举。

苏联东方号（Vostok 1）： 1961年4月12日，苏联宇航员尤里·加加林（Yuri Gagarin）成为第一个登上这艘宇宙飞船进入太空的人。他离开地球仅1小时48分钟，到达离地面约200英里（322千米）的高度，最高速度为每小时17660英里（28421千米）。

旅行者号（Voyager）： 双旅行者号宇宙飞船在1977年发射，主要目标是研究木星和土星的行星。它们对这两颗行星展开了令人难以置信的细致研究。例如，发现了木星卫星木卫一上的活火山。旅行者2号曾飞越过天王星和海王星，这是唯一一次访问这些行星的任务。两艘飞船目前仍在运行，以便科学家们得以一睹行星之外的世界。

✳ 宇宙飞船的轨道和行程

仰望星空时，夺人眼球的往往是一些快速划过天空的小光点，只不过它们并不具有流星那样的耀眼光芒。在这些光点中，有些是高空飞行的喷气式飞机，不过，更引人注目的恐怕还是那些在地球表面数百英里之上绕其飞行的宇宙飞船。这些微光其实是阳光从金属表面反射导致的。

去火星

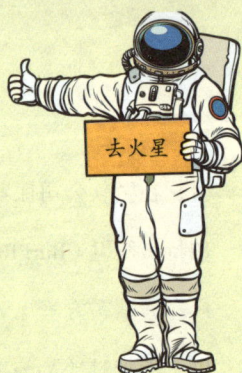

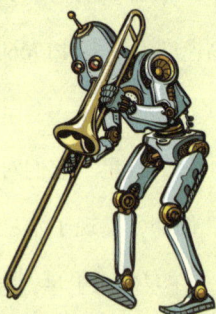

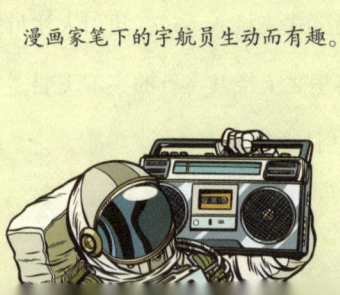

漫画家笔下的宇航员生动而有趣。

✳ 地球静止轨道

亚瑟·查尔斯·克拉克（Arthur C. Clarke），是一位著作颇丰的科幻小说作家。在他的知名作品中，就包括一部里程碑电影——《2001：太空漫游》。他通过《无线世界》杂志1945年的一篇文章成为最先认识到地球静止轨道价值的那批人之一。地球静止轨道卫星是指这类相对于地球表面某一点始终保持同一位置的卫星。这类卫星实际上并不是静止不动的，而是以与地球表面完全相同的速度绕地球运转，所以它看起来像是在天空中一动不动。为了实现这一目标，卫星必须位于一个非常特殊的轨道上——在地球表面以上22240英里（351791千米）的轨道上，而且它必须在赤道正上方。这个独特的轨道，有时被称为克拉克轨道用以纪念作者，并且经常用于通信和电视卫星。卫星在寿命终结时，通常会被发射出这一轨道而进入墓地轨道，以此避免拥挤。

✳ 弹弓效应

从地球发射宇宙飞船需要大量的能量，否则飞船就无法逃脱地球引力的束缚。事实上，要使一个物体以至少每秒7英里（11千米）的速度逃离地球，就必须有充足的能量。而对一些以更快速度发射升空的航天器而言，其所需能量当然远不止于此。2006年1月，美国宇航局的"新视野号"宇宙飞船从地球出发，以每秒10英里（16千米）的速度飞向冥王星——这是有史以来最快的逃逸速度。但即使以这样的速度飞行，要到达很远的地方也需要很长时间。这就是为什么探索外太空行星的任务中要利用弹弓效应。在弹弓效应下，宇宙飞船会靠近一颗行星或月球，并借助其引力加速飞行。如果飞船的速度超过了行星的逃逸速度，那么它就不会进入轨道，而是以更快的速度被甩出。例如，旅行者2号探测器利用行星位置的偶然排列获得了目前约每小时35000英里（56300千米）的速度。当前，它距离我们大约65亿英里（105亿千米）。

旅行者2号从木星飞向土星的轨迹。

7. 太空异物

✳ 磁盘

1977年，当两艘旅行者号宇宙飞船发射升空时，它们都携带了一个12英寸（30厘米）的刻有音频和图像的镀金铜制磁盘，以供任何有眼睛和耳朵的外星生命形态（无论该类生命以何种形态存在）观看。

✳ 骨灰

很多人选择将骨灰撒在海洋和公园等地方，但如果你最想要的地方是太空呢？没有问题，你的"遗体"可以加入《星际迷航》（*Star Trek*）主创吉恩·罗登贝里（Gene Roddenberry）、演员詹姆

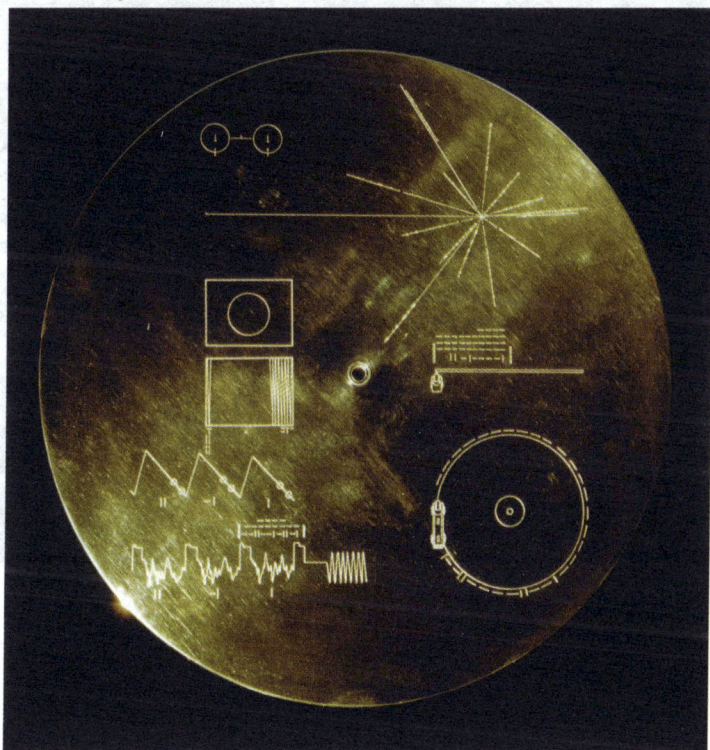

镀金磁盘。

斯·杜汉（James Doohan，原著系列中的斯科蒂，即Scotty）和作
家蒂莫西·李里（Timothy Leary）的行列中来。

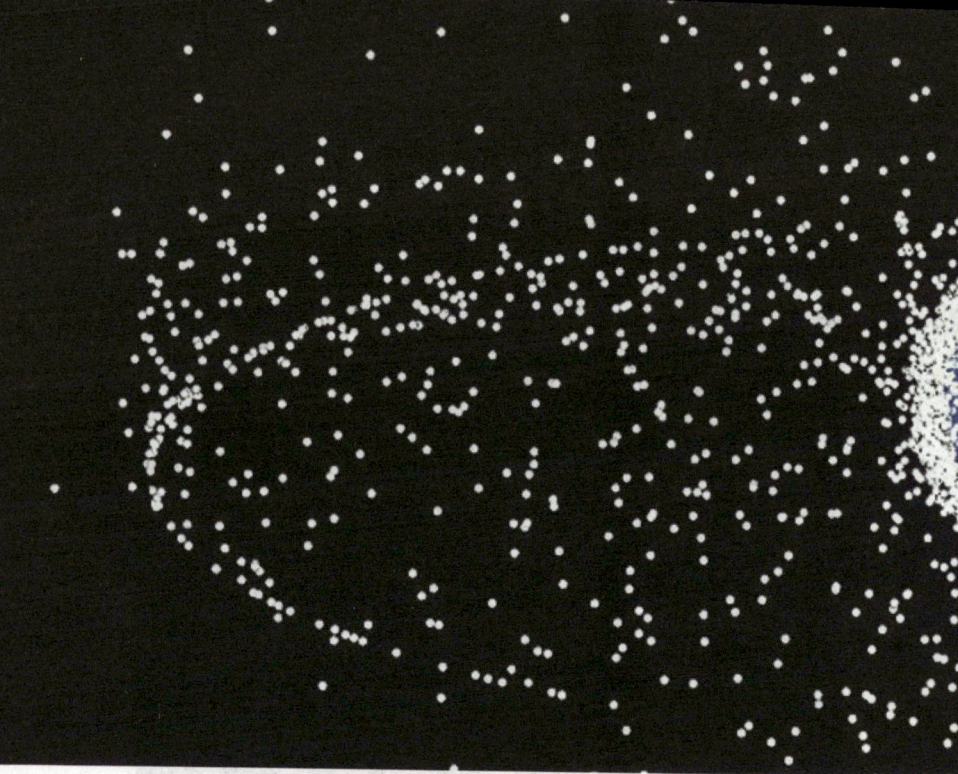

太空垃圾分布在地球周围。

✳ 垃圾

　　卫星寿命终结后会怎样？部分卫星大到可以承受返回地球大气层时的高温，从而坠毁在地球上。其他卫星则留在自己的轨道上，逐渐解体，慢慢落回地面。许多这样的卫星碎片最终会在大气中燃烧殆尽，但在那之前它们会对卫星和航天飞机的正常运行

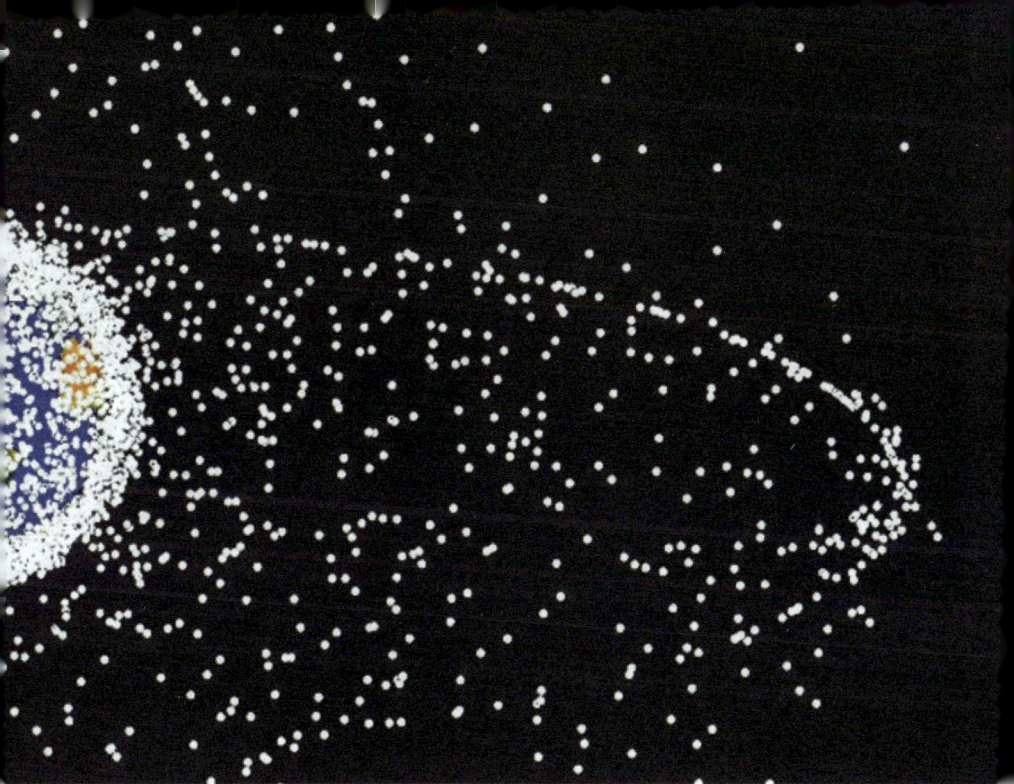

造成威胁。有些碎片虽然可能很小，但它们却是在高速移动——一个小碎片一次就能在航天飞机的窗户上凿开一个半英寸（120毫米）的洞。

因此，美国宇航局的轨道碎片项目在监测这些太空垃圾。据估计，太空垃圾中有17000个大于4英寸（10厘米）的物体，20万个直径在1/5英寸到4英寸（1~10厘米）之间的物体，以及数千万个更小的粒子。较大的垃圾按照惯例会被时刻监测着。

太空垃圾是指围绕地球轨道的无用人造物体，小到人造卫星碎片，大到飞船残骸，都是太空垃圾的构成部分。根据NASA的统计，地球轨道上有大约4000个运行中或报废的人造卫星和火箭残体，此外还有大约6000个可以看到并跟踪的太空垃圾碎片。

8.地外文明搜寻计划

地外文明搜寻计划（SETI）成立于1984年[*]，是一个非盈利组织。不过，这个组织对我们普通人而言，其实也大有益处。例如，你可以加入它的SETI@Home项目。在你的电脑上下载一款软件，当你不使用电脑的时候，你和其他300万人的电脑空闲运行能力将一起被用来分析由无线电望远镜观测到的宇宙，以寻找智慧生命的迹象。

✳ 可能存在外星生命之地

在由数以亿计的星系、恒星和行星组成的整个宇宙中，只有一个地方我们确信有生命存在，那就是地球。但我们还能去哪里寻找生命呢？

★ 也有说1990年的，此处以原版书内容为准。——译者注

✴ 小绿人

自从《世界大战》一书的作者H.G.威尔斯（H.G. Wells）提出火星上可能存在生命的构想以来，许多科幻小说作家和电影制作人便因此而沉迷其中。许多人认为火星上可能有生命的原因是火星和地球非常相似。它和地球一样是由岩石构成的，有极地冰川，半径大约是地球的一半。人们普遍认为液态水是维持生命的必要条件——火星上有水，但都是固态的冰。

在过去火星更暖和的时候，情况可能会有所不同。极端的生命形式，比如能够承受低温、高压和（对人类）有毒环境的微生物，很可能存在。

✴ 牛会在外太空放屁吗

2008年3月，天文学家在用哈勃太空望远镜进行观测时，发现了另一个星球上可能存在生命的诱人线索。他们在行星HD 189733b（有木星那么大）的大气层中发现了甲烷（牛屁中的气体）存在的证据。这颗行星在狐狸座（Vulpecula）中围绕着63光年外的一颗恒星公转。

这一发现很重要，因为甲烷被认为是在形成生命过程中很重要的化合物之一。众所周知，火星上是不太可能存在生命的，因为它的大气温度达到了酷热难耐的3092℉（1700℃）。

✳ 月球上的人

在月球上发现生命看起来是不可思议而且希望渺茫的，因为月球上温度极端、几乎没有大气，而且有非常明显的证据（那些陨石坑）表明它曾受到来自外太空的高速物体的撞击。相较而言，我们可能更容易在木星的卫星上发现生命。木星有几十个卫星，其中包括意大利天文学家伽利略发现的四大卫星。现代天体生物学家认为，在这些行星中，木卫二的卫星最适合生命存在。乍一看，它并不吸引人——有一个厚厚的、冰冷的表面。然而，天文学家认为，冰下可能存在着含有水的海洋，所以生命可能在这里茁壮成长，就像在南极洲冰下生存的生物一样。

✳ 可能的外星生命形式

地球上的生命是由化学元素碳、氢、氧和氮构成的。此外，生命活动也需要水。但是如果外星生命的生存所需的化学物质与地球不同呢？

漂浮物：天文学家卡尔·萨根（Carl Sagan）提出，木星等行星的大气中可能存在飘浮着的外星人。它们可能看起来像巨大的水母，但不是靠水而是靠氨生存的。

硅基生命形式：如果你看化学元素周期表（见第151页），你就会注意到C（碳）下面是Si（硅）。周期表同一列中的元素具有相似的化学性质，因此一些科学家想知道是否可能存在靠硅生存的生命。硅是岩石和沙子的主要成分之一，所以不妨想象一下活的岩石……

9.人造重力与失重

　　正是艾萨克·牛顿爵士（Sir Isaac Newton）用他的万有引力定律精确地表示出了万有引力的作用过程。他的数学公式表明，引力的大小与物体的质量以及它们之间的距离有关。该方程表明，一个体重是你两倍的人所受到的重力也是你的两倍。这也意味着，两个相距1米的球体之间的引力是相距3米时的9倍（因为3的平方是9）。综上所述，由于星球的质量和大小不同，不同星球上的引力作用也是不同的。地球的质量是6千万亿千克——大约是月球质量的86倍（7万万亿千克）。然而，地球半径大约是月球半径的3.6倍。这意味着站在月球表面的人所受的重力是86除以3.6的平方（13.4）——大约是地球表面所受重力的1/6。显而易见，这就是阿波罗号宇航员在月球上"身轻如燕"的原因。

✳ 失重

　　牛顿的万有引力定律告诉我们，我们永远无法真正摆脱万有引力的束缚。事实上，失重是万有引力的另一种表现形式。当你站在地球表面时，你感受到的重量实际上是地面向上推你脚底的阻力。在绕轨运行的宇宙飞船里，因为地板受到的引力和你一样，所以它实际上和你一样在向地球下落，也即让你有失重的感觉。

实际情况

　　由于潮汐效应，月球每年都会远离地球约3.8厘米。因此，地球的自转速度在每世纪的每一天都会减慢0.002秒。科学家不知道月球是如何形成的，但通常认为是一个火星大小的物体撞击地球，使月球从中分离出来。

宇航员在Nasa KC-135中体验失重状态。

第四章

奇妙的化学

1.地球、空气、火、水及其他奇思妙想

　　在古希腊之后的很长一段时间里，科学家们认为，你在世界上所见所感的一切都是由四种物质构成的：土、气、火和水。其他一切无法感知的事物根据你的自身修养被归类为想法、空虚、空间或精髓。根据事物中四种元素各自所占的比例，定义了事物的冷、热、湿或干。

　　我们现在知道我们看到的一切都是由化学元素组成的。这些元素是由亚原子粒子如质子、中子和电子构成的。而质子和中子则是由更多的被称为夸克的微小粒子组成的。

2. 物质的状态

　　冰块、水和蒸汽虽然是同一物质的三种不同存在形式，但是它们的温度不同，而且第一种是固体，第二种是液体，第三种是气体。科学家称其为物质的状态，并且只要在适当的温度和压力下，所有化合物的三态都可以相互转化。这很难理解，因为我们现实所处的是一个温度范围变化不大的世界。例如，氦在日常生活中总是以气体形式存在。此外，常见的食盐（氯化钠）也有三态：加热到1472℉（800℃）融化为液体，加热到2669℉（1465℃）则变成气体。

＊ 物质的奇态

　　物质除了存在我们耳熟能详的三种状态外，还有其他奇怪的状态。

141

等离子体：有时被称为物质的第四态。在等离子体中，所有化学元素中带负电的电子都将被剥夺，最终只剩下一团电子和带正电的原子核。

超流体：一种液体，因其奇特的构成而具有一些不可思议的性质。例如，某些液氦会沿着它们所在容器的一侧慢慢上升。

过冷液体：一种以特殊方式冷却到低于其自然冰点的液体。在实验室中，液态水可以冷却到–104℉（–40℃）以下而不会变成冰。

过热液体：是指被加热到超过沸点而没有变成气体的液体。用微波炉加热水时，有时会发生过热现象。但是，如果对这种液体施加干扰，比如添加咖啡颗粒，部分液体会瞬间变成气体，从而产生迅速爆裂的气泡（可能会烫伤人）。

触变性液体：一种液体，其厚度会因时间、硬度或挤压而变化。番茄酱就是触变性的，所以在你用力摇晃它之前，它经常会卡在瓶子里。

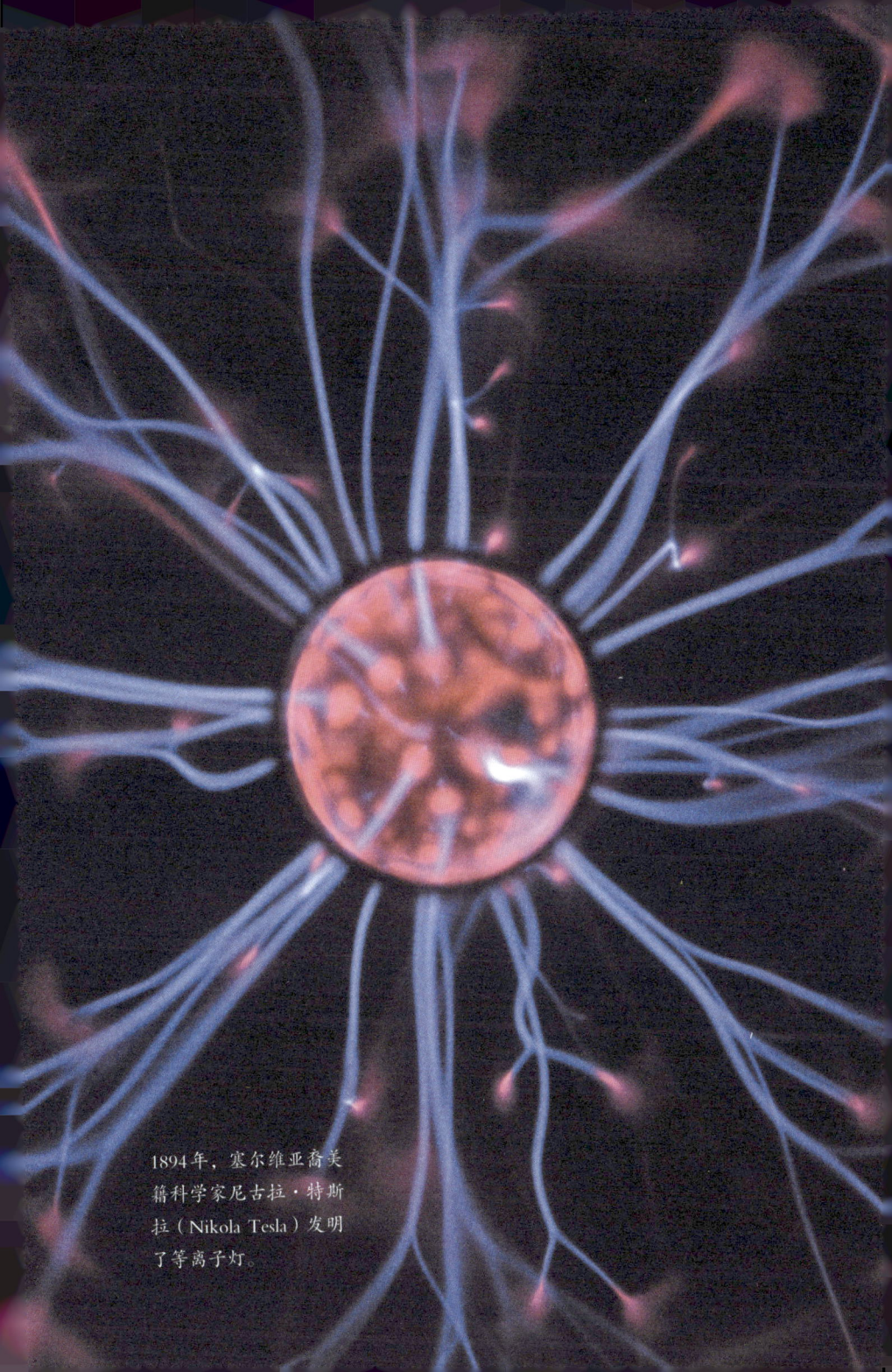

1894 年，塞尔维亚裔美籍科学家尼古拉·特斯拉（Nikola Tesla）发明了等离子灯。

3.奇特的化学反应

以下是实验室里一些最奇特的化学反应。不过，千万不要在家里尝试！

布里格斯劳舍尔反应（the Briggs–Rauscher reaction）：在这个奇妙的反应中，把三种无色液体混合在一起，混合物立刻就变成了琥珀色，过了一会儿变成了蓝黑色，然后又变成了无色——液体的颜色会陷入一个奇怪的循环中。这三种液体是过氧化氢、碘酸钾、硫酸、丙二酸、硫酸锰和淀粉的混合溶液。

小熊软糖和氯酸钾：氯酸钾是一种化学物质，经常用于烟花和一些消毒剂中。如果你把它加热，然后加入一个小熊软糖，糖果中的蔗糖就会与氯酸钾发生剧烈反应，从而产生大量的氧气、明亮的光和噪音。

小苏打和醋：首先将一些小苏打放入一个气球内，然后向一个圆筒中装入醋，并把气球小心地套在圆筒口上（注意不要洒出任何小苏打）。接着将圆筒绕其中心轻轻摇晃一下，并把气球提起

来，这样小苏打就会掉进醋里。出人意料的是，气球会膨胀而圆筒会变冷——因为反应消耗了圆筒内的热量。

钠和盐酸：这是许多化学老师会向学生演示的奇特反应之一。将少量的盐酸放入试管的底部，并把一小块钠小心地放入盐酸中，钠会在酸的表面上下浮动，并产生较大的火焰、剧烈的小气泡和大量的气体。

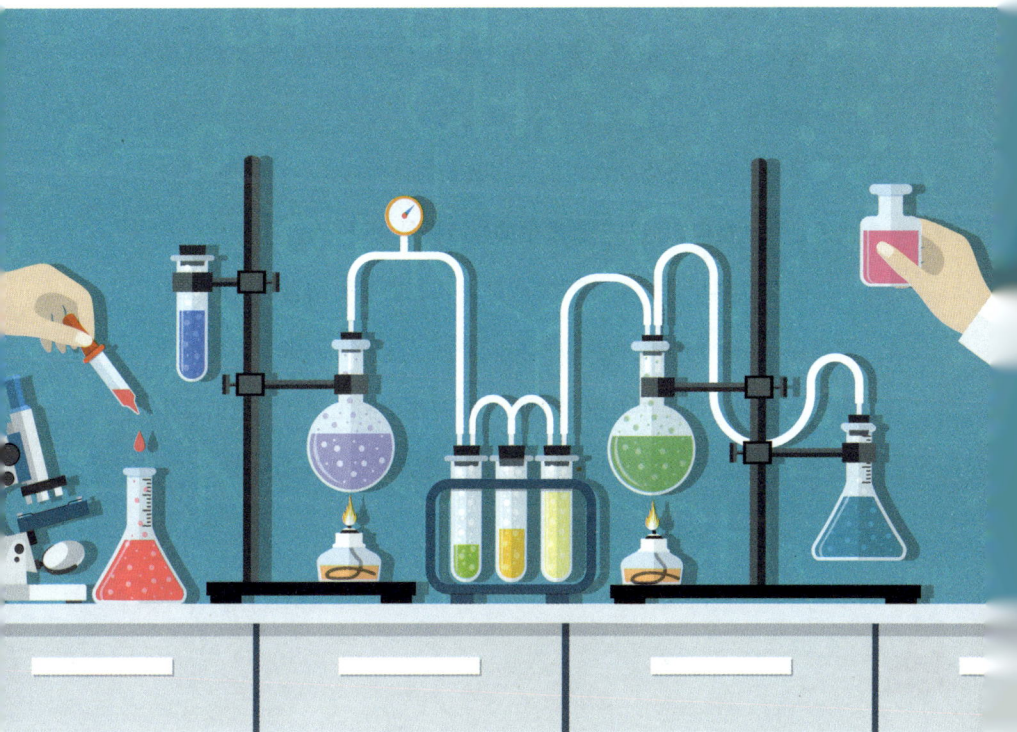

化学反应。

✳ 可乐薄荷糖实验

2002年，科学老师兼魔术师史蒂夫·斯潘格勒（Steve Spangler）首次公开演示了这个戏剧性的实验。将一把曼妥思糖果（一种薄荷糖）放在一大瓶甜汽水中，比如放在健怡可乐中，结果形成一个喷出碳酸饮料的喷泉。

这个实验对无糖汽水和普通汽水都有效，但无糖汽水"在清洗时黏性更小"。

尽管包括斯潘格勒在内的大多数人都认为这是一种物理反应，而不是化学反应，但对于其发生的原因仍是众说纷纭。

碳酸饮料中的二氧化碳气泡是由其表面张力结合而成的。溶解曼妥斯糖果的明胶和阿拉伯树胶降低了这种表面张力，从而导致气泡破裂。糖果中有很多小洞，而这些小洞正是新气泡的诞生之地。新产生的气泡会迅速上升，最终导致苏打水喷涌而出。

曼妥斯糖果中迅速膨胀的二氧化碳产生的喷发盛景。

4. 世界上最危险的化学物质

2001年，联合国环境规划署（United Nations Environment Program）发布了一份清单，列出了12种世界上最危险的化学物质。50个国家同意把限制这些物质的使用作为《斯德哥尔摩公约》（*Stockholm Convention*）的一部分，因为由这些物质导致的严重化学灾害曾数次给人类生命和自然环境造成重大损失。这些有害的化学物质是：

化学物质	危害
阿尔德林	一种杀虫剂，可杀死白蚁和蚱蜢
氯丹	一种杀虫剂，能杀死白蚁，也能杀死虾和鸭子，还可能导致癌症

化学物质	危害
双对氯苯基三氯乙烷（DDT）	用来预防疟疾的化学药品。然而，DDT会在土壤中存留多年，影响鸟蛋的正常发育，并且有可能积聚在人的母乳中
狄氏剂	用来防治害虫的杀虫剂，对鱼和青蛙有毒。喷洒在农作物上，会在土壤中残留多年
二氧杂芑	当东西不能正常燃烧时就会释放到大气中。医院垃圾的焚烧便是其中的一个关键来源。二氧杂芑会导致出生缺陷
异狄氏剂	用于杀虫剂以及控制老鼠的化学药品。可残留在土壤中长达12年，对鱼类有剧毒
呋喃	印刷电路板制造过程中产生的副产品内的化学物质，也存在于垃圾焚烧炉的烟雾中。呋喃可能是致癌的化学物质
七氯	用来杀死蚱蜢和携带疟疾的蚊子。也能杀死兔子和其他野生动物。七氯属于致癌物
六氯苯（HCB）	用于治疗真菌。人食用经HCB处理过的种子后皮肤会出现问题，甚至死亡

化学物质	危害
灭蚁灵	用于杀灭火蚁，也可用于某些阻燃材料。对某些鱼类和贝类生物有毒，可能是致癌物
多氯联苯	用于制造变压器，也可作为涂料和塑料的添加剂。对鱼类有剧毒，并且当儿童食用这些鱼时，会出现肿胀、呕吐和发育问题
八氯莰烯	20世纪70年代广泛用于棉花作物的杀虫剂。可能是一种致癌物，对鱼类有剧毒。可以在土壤中残留12年

✳ 元素周期表

·大纲中的元素在室温下是液体。

·灰色的元素在室温下是气体。

·黑色的元素在室温下是固体。

·元素还可以按颜色归类：碱金属（蓝色），过渡金属（浅绿色），半金属和非金属（紫色），惰性气体（黄色），镧系元素系列（橙色），锕系元素系列（绿色）。

化学元素周期表

图例说明：
- 原子序数 —— 4
- 元素符号 —— Be
- 元素名称（*号为人造元素）—— 铍
- 相对原子质量（加括号的数据为改放射性元素半衰期最长同位素的质量数）—— 9.012

分类：
- 非金属
- 金属
- 金属、过渡元素

第1周期

1 H 氢 1.008	2 He 氦 4.003

第2周期

3 Li 锂 6.941	4 Be 铍 9.012	5 B 硼 10.81	6 C 碳 12.01	7 N 氮 14.01	8 O 氧 16.00	9 F 氟 19.00	10 Ne 氖 20.18

第3周期

11 Na 钠 22.99	12 Mg 镁 24.31	13 Al 铝 26.98	14 Si 硅 28.09	15 P 磷 30.97	16 S 硫 32.06	17 Cl 氯 35.45	18 Ar 氩 39.95

第4周期

19 K 钾 39.10	20 ba 钙 40.08	21 Sc 钪 44.96	22 Ti 钛 47.87	23 V 钒 50.94	24 Cr 铬 52.00	25 Mn 锰 54.94	26 Fe 铁 55.85	27 Co 钴 58.93	28 Ni 镍 58.69	29 Cu 铜 63.55	30 Zn 锌 65.41	31 Ga 镓 69.72	32 Ge 锗 72.64	33 As 砷 74.92	34 Se 硒 78.96	35 Br 溴 79.90	36 Kr 氪 83.80

第5周期

37 Rb 铷 85.47	38 Sr 锶 87.62	39 Y 钇 88.91	40 Zr 锆 91.22	41 Nb 铌 92.91	42 Mo 钼 95.94	43 Tc 锝 (98)	44 Ru 钌 101.1	45 Rh 铑 102.9	46 Pd 钯 106.4	47 Ag 银 107.9	48 Cd 镉 112.4	49 In 铟 114.8	50 Sn 锡 118.7	51 Sb 锑 121.8	52 Te 碲 127.6	53 I 碘 126.9	54 Xe 氙 131.3

第6周期

55 Cs 铯 132.9	56 ba 钡 137.3	57–71 La–Lu 镧系	72 Hf 铪 178.5	73 Ta 钽 180.9	74 W 钨 183.8	75 Re 铼 186.2	76 Os 锇 190.2	77 Ir 铱 192.2	78 Pt 铂 195.1	79 Au 金 197.0	80 Hg 汞 200.6	81 Tl 铊 204.4	82 Pb 铅 207.2	83 Bi 铋 209.0	84 Po 钋 (209)	85 At 砹 (210)	86 Rn 氡 (222)

第7周期

87 Fr 钫 (223)	88 Ra 镭 226	89–103 Ac–Lr 锕系	104 Rf 𬬻* (261)	105 Db 𬭊* (262)	106 Sg 𬭳* (266)	107 Bh 𬭛* (264)	108 Hs 𬭶* (277)	109 Mt 鿏* (268)	110 Ds 𫟼* (281)	111 Rg 𬬭* (282)	112 Cn * (285)

镧系

57 La 镧 138.9	58 Ce 铈 140.1	59 Pr 镨 140.9	60 Nd 钕 144.2	61 Pm 钷 (145)	62 Sm 钐 150.4	63 Eu 铕 152.0	64 Gd 钆 157.3	65 Tb 铽 158.9	66 Dy 镝 162.5	67 Ho 钬 164.9	68 Er 铒 167.3	69 Tm 铥 168.9	70 Yb 镱 173.0	71 Lu 镥 175.0

锕系

89 Ac 锕 (227)	90 Th 钍 232.0	91 Pa 镤 231.0	92 U 铀 238.0	93 Np 镎 (237)	94 Pu 钚 (244)	95 Am 镅 (243)	96 Cm 锔 (247)	97 Bk 锫 (247)	98 Cf 锎 (251)	99 Es 锿 (254)	100 Fm 镄 (257)	101 Md 钔 (258)	102 No 锘 (259)	103 Lr 铹 (262)

5.元素周期表的奇异之处

元素周期表是将世界上所有的化学元素都有机组合起来的一种方式。同一列中的化学元素往往具有相似的化学性质，因为它们所包含的质子和电子的数量具有潜在的周期性。

从表格中可以看出，这些元素各不相同：

卤素：这些元素的化学性质非常活泼，所以它们很少单独存在，往往以化合物形式存在，如氯化钠（食盐）。氟是已知的活泼性最强的元素，甚至可以与玻璃发生反应，所以化学家们不会把它存放在玻璃瓶里。卤素灯通常含有一种混合气体，比如由氮气和少量的卤素气体组成的混合气体。

稀土元素：这些元素中的第一个元素便是镱，它在18世纪末被首次发现于瑞典的岩石中。它们通常以氧化物（含氧的化合物）的形式存在，而不是单独存在。它们被称为稀有元素是因为人们以为它们很稀有，但事实上它们在地壳中较为常见。

碱金属元素：这类元素具有和卤素一样很活泼的化学性质，

因此它们通常以化合物的形式存在，而不是单独存在。在化学实验室里，它们通常被储存在油里以避免发生化学反应。钠和钾在地球上分布广泛，对人类生活至关重要。氢通常被置于碱金属元素的顶端，因为在某些极端情况下，其作用与碱金属类似。

惰性元素：有时被称为惰性气体。惰性元素不易与其他元素发生反应，因为它们的电子排列方式不同。事实上，目前不存在绝对稳定的化合物，包括氦和氖，除非它们是在实验室里由人工制造的。

✳ 部分化学元素的发现历程

许多化学元素，如碳和铜，自古以来就为人所知，因为它们是地球上原来就有的元素。然而，其他一些化学元素在地球上却很难找到。

砷：13世纪，一位名叫阿尔韦图斯·马格纳斯（Albertus Magnus）的炼金术士在用肥皂加热一种橙黄色的硫黄石时发现了砷——两者发生反应生成了液态金属砷。

磷：它是在17世纪中叶通过化学方法（而不是在自然界）以一种不同寻常的方式被发现的。德国炼金术士亨尼格·布兰德（Hennig Brand）对一些尿液进行加热，直到最终只剩下一些细微粉

含有砷元素的矿物质原料。

末——磷。他将这些粉末继续燃烧，产生了明亮的火焰。

氧：1774年，约瑟夫·普利斯特里（Joseph Priestley）在加热一种含汞化合物时发现，这种物质产生的气体会使蜡烛燃烧得更明亮。然而，因为他相信燃素的存在，所以他以为他发现了不含燃素的空气。

钾、钠、钙、钡：这些元素由汉弗莱·戴维（Humphrey Davy）于1807年和1808年发现——把一个原始电池内的电流通到不同种类的盐中。他最著名的发明可能是矿工使用的戴维灯。

6.新的化学元素如何命名

　　新发现的化学元素都是不稳定的，一般只能在核实验室中"昙花一现"。它们常由国际理论与应用化学联合会（International Union of Pure and Applied Chemistry）商定的一个体系（见下表）暂时命名。元素是根据它们的原子序数（原子核中的质子数）来区分和命名的。虽然迄今为止在化学元素中发现的原子序数最高是118，但是预计未来将有更多的元素被发现。因此，如果发现一个原子序数为126的元素，那么它就会由此表命名，并带有–ium后缀，如下所示：

un+bi+hex+ium

　　所以，如果126号元素被发现，那么它就会被命名为unbihexium，化学符号为Ubh。

　　元素只有被证明可以单独存在时，才会被永久命名。原子序数为110的元素于1994年在德国达姆施塔特（Darmstadt）的一个实验室发现，最初被称为ununnilium（符号为Uun）。现在它已被证实可以单独存在，因此被重命名为达姆施塔特尔（darmstadtium，符号Ds）。

序号	部分名称	符号
0	nil	n
1	un	u
2	bi	b
3	tri	t
4	quard	q
5	pent	p
6	hex	h
7	sept	s
8	oct	o
9	enn	e

7.日常事物的化学名称

名称	方程式	简介
蔗糖	$C_{12}H_{22}O_{11}$	蔗糖是化学界广为人知的一种物质，由葡萄糖和果糖结合而成。它很容易被人体吸收，用以快速补充能量
阿司匹林	$C_9H_8O_4$	止痛药阿司匹林，也被称为乙酰水杨酸，于19世纪末由德国制药公司拜耳（Bayer）首次出售，但在此很久前与阿司匹林药效相近的化学物质就已经用于医疗中
塑料瓶	$(C_2H_4)_n$	塑料瓶以及房屋里的许多物品都是由一种名为聚乙烯的塑料制成的。 它由一系列乙烯分子组成，化学式中的 n 表示括号内乙烯分子的聚合次数

名称	方程式	简介
胡椒	$C_{18}H_{27}NO_3$	使辣椒变辣的物质被称为辣椒素或8-甲基-N-香草基-6-壬烯酰胺。纯辣椒素比一般的墨西哥胡椒辣3000倍
橄榄油	$C_{17}H_{35}NO_3COOH$	橄榄油实际上是许多不同脂肪和维生素的复杂混合物，但它的主要成分是油酸或顺-9-十八烯酸。正是这种成分使橄榄油于健康有益

实际情况

氢的名字来自希腊语单词"Hydro"和"Gen"，意思是"水发电机"，它是宇宙中最丰富的元素。

✳ 强酸

酸是最有趣的化学物质之一。它能燃烧物体，也可与其他化学物质结合而产生爆炸、火焰和气体。因此，科学家将它翻来覆去地研究也就不足为奇了。然而并不是所有的酸都具有腐蚀性。碳硼烷H（$CHB_{11}Cl_{11}$）是一种超强酸，强度是硫酸的100万倍，完全没有腐蚀性；而弱酸氢氟酸（HF）具有极强的腐蚀性，它可以溶解玻璃和除铱外的所有金属。

酸	化学式	强度（与纯硫酸强度之比）	用途
氟锑酸	$HSbF_6$	1019	塑料制造和石油工业
魔酸	$FSO_3H - SbF_5$	1018	塑料制造和石油工业
碳硼烷酸	$HCHB_{11}Cl_{11}$）	1000000	非处方抗维生素
三氟甲磺酸	CF_3SO_3H	1000	石油工业
氟磺酸	FSO_3H	1000	医药制造

第五章

极端实验

1.大型的科学设备

* **超环面仪器实验（ATLAS）**

超环面仪器实验是欧洲大型强子对撞机四项重要实验之一，该计划于2008年在瑞士日内瓦的欧洲核子研究中心（CERN）正式启动。该实验由一个长151英尺（46米）、直径82英尺（25米）的桶形探测器组成。它的重量超过7000吨（6350立方公吨），含超过1864英里（3000千米）的电缆（可以从芝加哥延伸到旧金山）。它将被用来探测宇宙中的最小物体，以及模拟大爆炸不久后的宇宙环境。

✳ 欧洲联合环形加速器（JET）

欧洲联合环形加速器（Joint European Torus）坐落于英国牛津郡（Oxfordshire）的卡拉姆科学中心（Culham Science Centre）。它是世界上最大的核聚变研究设施，环面像一个甜甜圈，包含氘和氚的等离子体（氢的基本存在形式）。等离子体被加热到1亿摄氏度后，产生聚变以及大量能量。可惜的是，尽管未来的核聚变设施会比这个加速器更进一步，但是目前运行它所需的能量仍超过了它所产生的能量。

✳ 团队（TEAM）

像差校正透射电子显微镜——"团队"是世界上功能最强大的显微镜，位于加州劳伦斯伯克利国家实验室（Lawrence Berkeley National Laboratory）的国家电子显微镜中心。它于2017年全面投入使用，能够识别0.05纳米大小的微小物体。"团队"已经被用来挑选氮化镓晶体中的单个原子。而且，它利用一种特殊的磁性透镜解决了困扰现有电子显微镜的一个焦点问题：像差会使图像变得模糊。

2. 偶然的科学发现

✳ 动物电流

1781年，意大利博洛尼亚（Bologna）的解剖学教授伽伐尼注意到一个非常奇怪的现象。他在解剖青蛙的腿时注意到，附近的一台机器一产生电火花，青蛙腿就会收缩。当助手把金属手术刀放在青蛙腿上的肌肉上时，收缩现象更加明显。虽然伽伐尼（Galvani）发现的是电在动物体内的作用，但是他认为青蛙的腿里有某种电流在起作用。几年后，亚历山德罗·沃尔特（Alessandro Volta，电压单位伏特Volt便是以他的名字命名的）指出了引起青蛙腿收缩的真正原因，并推动了伏打电堆的发展。

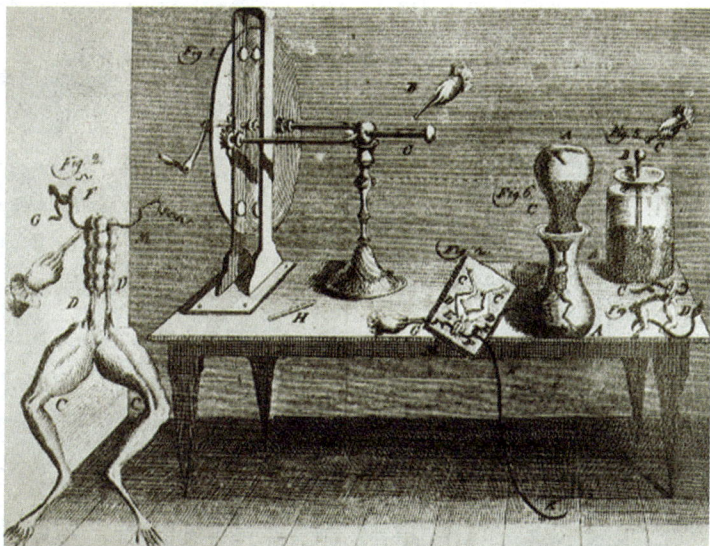

伽伐尼的意外发现，为现代电池铺平了道路。

✳ 疫苗接种

法国科学家路易斯·巴斯德（Louis Pasteur）当时正在研究霍乱病菌对鸡的影响。他让助手查尔斯·尚博朗（Charles Chamberland）给鸡注射一些使它们生病的霍乱病菌。然而，尚博朗去度假了，所以他只在度假回来的时候才给这些鸡注射。鸡并没有死，而是活了下来，就好像尚博朗不在的时候，病菌变弱了。

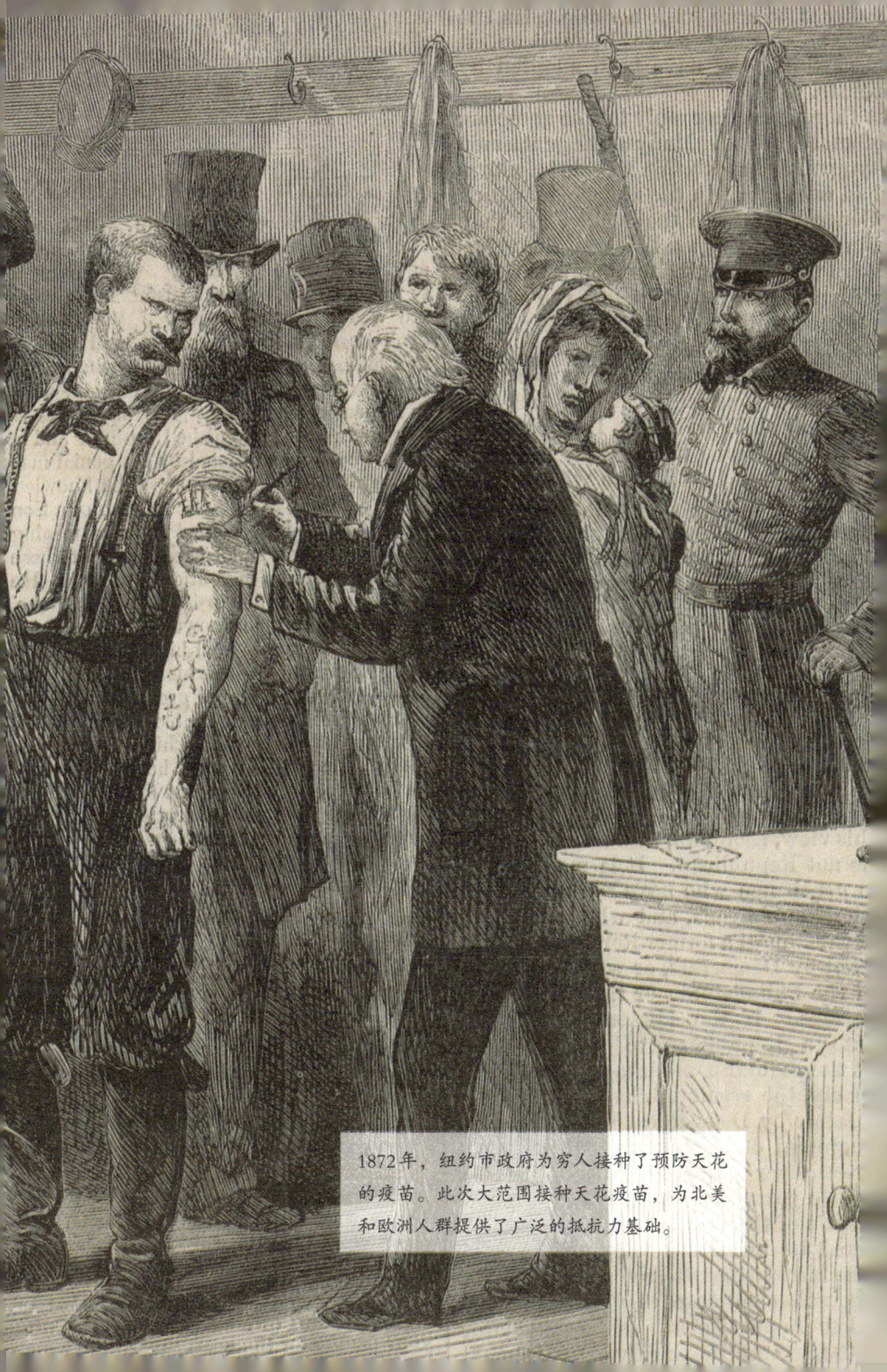

1872年，纽约市政府为穷人接种了预防天花的疫苗。此次大范围接种天花疫苗，为北美和欧洲人群提供了广泛的抵抗力基础。

随后他又给鸡注射了一些新鲜的病菌，发现它们仍然保持良好的状态。巴斯德意识到早期的注射已经使鸡对这种疾病产生了免疫力。

尽管另一位科学家爱德华·詹纳（Edward Jenner）已经发现接触过牛痘的人可以免受致命疾病天花的侵害，但巴斯德是第一个发现一种弱化的病菌可以被注射入人体，从而使其免受天花侵害的人。巴斯德为纪念詹纳的早期工作，将该过程命名为疫苗接种（源自拉丁语"母牛"）。

✳ 青霉素

细菌学家亚历山大·弗莱明（Alexander Fleming）在伦敦圣玛丽医院（St Mary's Hospital）工作时，注意到一份被蓝绿色霉菌污染的葡萄球菌样本——在霉菌的边缘，细菌被杀死了。弗莱明因此培育了一个霉菌的样本并发现它杀死了许多携带疾病的细菌。他发现这种霉菌是一种被称为点青霉的霉菌，并把这种霉菌的杀菌成分命名为盘尼西林。直到20世纪40年代，科学家们才发现了一种大批量生产高质量盘尼西林的方法。

✳ 微波炉

美国雷神公司（Raytheon）本是军用雷达磁控管的制造商，但是它的一次偶然发现促进了微波炉的发展。该公司的工程师珀西·勒巴伦·斯宾塞（Percy LeBaron Spencer）站在一个产生微波辐射的磁控管附近时，注意到他口袋里的一块糖果融化了，他接着用爆米花和鸡蛋做了进一步的实验。1947年，该公司推出了世界上第一台微波炉——雷达炉，每套售价在2000美元至3000美元之间，仅供商用。8年后，该公司研制出了第一台家用烤箱，售价仅为1300美元。

3.什么是爆炸

如果你看过好莱坞的动作大片，那么你可能已经看过一些爆炸场面，比如恐怖分子炸毁地铁，动作英雄们将建筑物夷为平地，但什么是爆炸呢？字典将其定义为一种由化学反应或核反应等引起的能量突释，并且往往伴随着温度的快速上升和气体的大量产生。

✱ 蘑菇云

这些一眼就能认出来的云通常与核爆炸有关。但实际上，任何大爆炸如火山喷发或三硝基甲苯（TNT）等大量传统炸药的爆炸，都可能产生蘑菇云。爆炸会产生一团巨大的球状超热气体，因为这团气体的密度比周围的空气小，所以它会逐步上升。灰尘和碎片被它从地面向上拉起，形成我们熟悉的蘑菇云"茎干"。最终，这团气体达到了一个与周围空气密度相似的点，就开始向外扩散，形成了蘑菇云的"盖子"。

✳ 内爆

内爆与爆炸截然不同，它发生在外力使某物自身坍缩而聚集起大量物质和能量的过程中。例如，一艘水下金属结构失效的潜艇就可能会发生内爆。核武器也经常使用内爆——在球形空间范围内触发的一系列爆炸会导致空间内的核燃料内爆。如果燃料达到临界质量值，就会发生二次爆炸，其后果往往是毁灭性的。

实际情况

令人难以置信的是，蛋奶沙司粉以及其他像面粉和煤粉这样的细小粉末竟然也会引起爆炸。爆炸的根源在于表面积。想想给木头生火的过程。你可以把一根大木头劈成小木头来生火，因为木头表面积的增加可以使其接触到更多可以帮助燃烧的氧气。当粉末很细时，虽然每一粒粉末都很小，但每一粒粉末的表面积加起来就是很大的表面积。因此，在一团蛋奶沙司粉中加入火焰或火星，它就会迅速燃烧起来——这是全世界几家蛋奶沙司粉工厂的老板们在他们的惨烈损失中学到的。

1989年，多面堡火山（Redoubt）
在一次喷发中产生的蘑菇云。

4.爆炸物

✳ 三硝基甲苯（TNT）

三硝基甲苯已经成为标准炸药，因为它易于处理（意外的撞击不会引爆它），并且可以在许多环境中使用。它是黄色的，在1863年首次发现时被用作染料。直到20世纪，人们才认识到它作为爆炸物的潜力。其他炸药的威力现在均以TNT为参照标准。

✳ 硝化甘油

一种透明的油状液体，优点是爆炸迅速，缺点是极不稳定，一次震动就会使它爆炸。于1846年在意大利发现，并在第一次世界大战中被广泛使用。不可思议的是，这种物质还被用于治疗心脏病。

✳ 黄色炸药

由阿尔弗雷德·诺贝尔（Alfred
Nobel）于1866年发明，解决了硝化
甘油的许多操作问题。他加入了一种
可使炸药配方稳定的白垩质岩石——
硅藻土，并将混合物装入了爆炸箱
中。诺贝尔从发明炸药中获得的钱就
是每年诺贝尔奖的资金来源。

阿尔弗雷德·诺贝尔，黄色炸
药的发明者。

✳ C4

一种塑料炸药，形似盲肠，可被制成不同形状。它的威力比
TNT强30%。C4通常含有一种示踪剂，可以用以追踪来源。炸药强
度是在1885年由伊西多尔·特劳茨尔（Isidor Trauzl）开发的特劳茨
尔铅块试验测得的。该试验将10克箔包裹的炸药样品装入铅块的孔
中，然后用沙子把孔填满并用电引爆样本。爆炸后，可以测出空腔
的体积增长量——用立方厘米表示的结果即称为炸药的特劳茨尔数。

175

5.科学欺诈

科学家之间为了新发现和科研资金的竞争非常激烈，以至于有些人不得不伪造他们的研究成果。尽管有些科学欺诈者已经被发现并被追究责任，但是因为有些领域过于专业化，所以肯定会有一些欺诈案尚不可知。

✳ 非克隆人

韩国研究人员黄禹锡（Hwang Woo-suk）发表了一篇科学论文，声称他已经克隆了11个人。成功的克隆技术，例如克隆羊多利的技术，是从母体中提取DNA并将其植入正常发育的卵子中的。

黄禹锡最终被证明研究造假。然而，对他的研究进行分析的研究人员发现，在受精卵内提取干细胞（人体的基本构件，可以

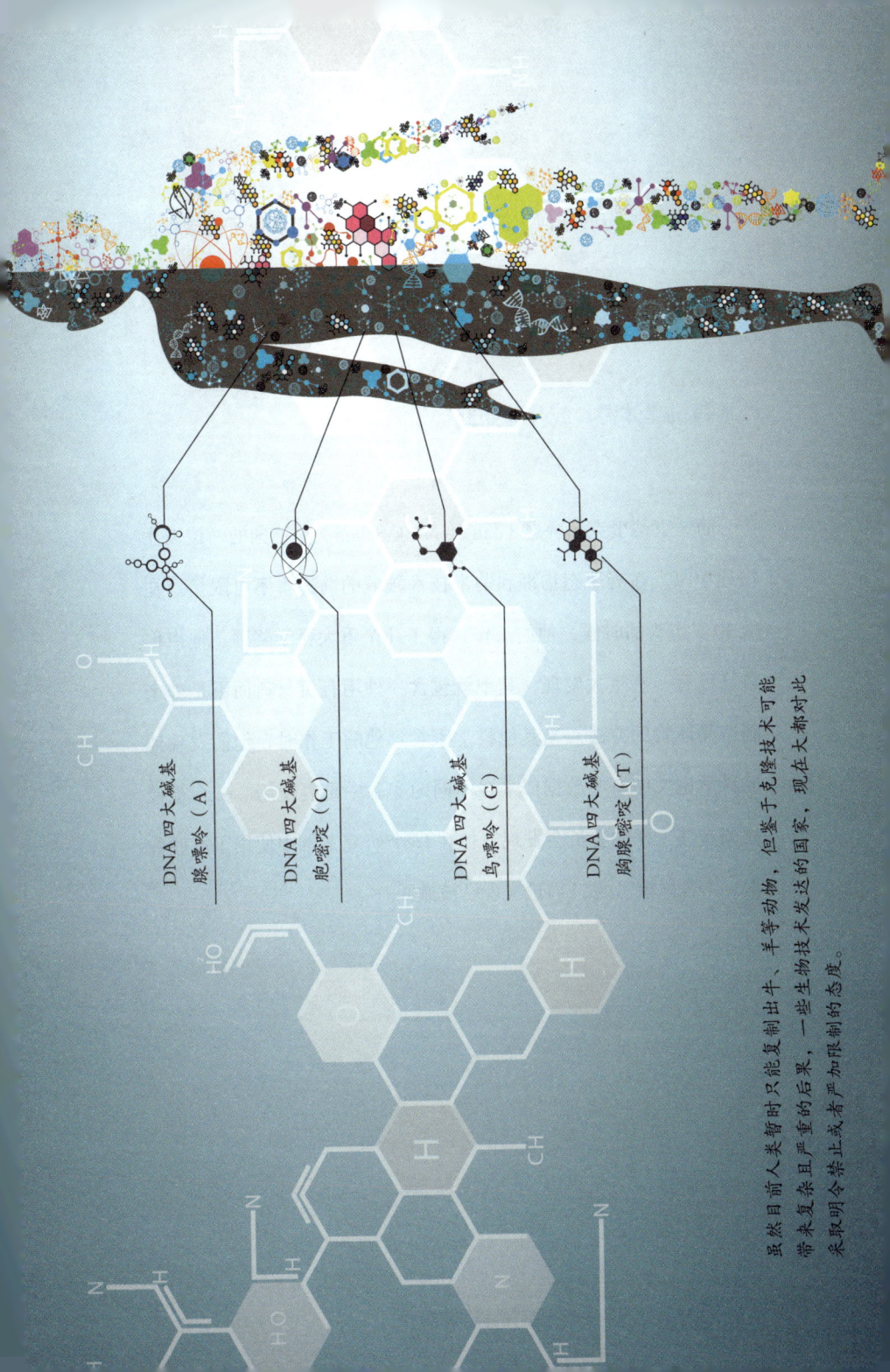

DNA四大碱基
腺嘌呤（A）

DNA四大碱基
胞嘧啶（C）

DNA四大碱基
鸟嘌呤（G）

DNA四大碱基
胸腺嘧啶（T）

虽然目前人类暂时只能复制出牛、羊等动物，但鉴于克隆技术可能带来复杂且严重的后果，一些生物技术发达的国家，现在大都对此采取明令禁止或者严加限制的态度。

发育成人体所需的任何东西）的研究上，他确实取得了突破性的发现。

✳ 有机晶体管，或并非如此

简·亨德里克·舍恩（Jan Hendrik Schon）是德国的一位天才物理学家，在凝聚态物理和纳米技术领域的前途本不可限量。在他30岁出头的时候，他的工作赢得了几个重大科学奖项。他声称自己已有一些重大发现，其中就包含一种用有机材料而不是硅来制造晶体管的方法。当其他科学家看到他的工作时，他们发现他的科学论文中有些数据似乎在不同的实验中重复使用。一个被授权调查其工作的委员会发现，他在16个研究案例中使用了虚假数据。由舍恩撰写的21篇论文现已被撤回。

6.不寻常的科学论文

　　科学家们将实验成果作为科学论文发表在权威杂志上，其他对同类研究感兴趣的科学家也会阅读这些文章。要发表一篇论文是很难的，但匪夷所思的是，以下这些文章竟然被发表了。

＊《治疗头痛》

　　这篇文章题目看起来十分直白，但当你看到它是在研究啄木鸟在啄树时不会头痛的原因时，你就不会这么想了。加州大学的伊凡·施瓦布（Ivan Schwab）和戴维斯（Davis）发现，啄木鸟的头骨和下颚骨上有特别多的骨头和软骨，可以用来缓冲一天内多达12000次的撞击。

＊《吞剑及其副作用》

2006年，放射科顾问医师布莱恩·维特康比（Brian Witcombe）和国际吞剑者协会的丹·迈耶（Dan Meyer）在《英国医学杂志》上发表了这篇论文。他们询问了46名吞剑者在出于娱乐目的的吞剑后遇到的问题。不出所料，喉咙痛很常见，尤其是刚开始吞剑或吞下形状怪异的刀刃时。当吞咽者分心时，受伤也很常见。

＊《企鹅便便时产生的压力》

2003年年末，科学杂志《极地生物学》发表了这篇有趣的论文。这篇文章由芬兰奥卢大学（the University of Oulu）的维克多·本诺·迈耶罗乔（Victor Benno Meyer-Rochow）和匈牙利罗兰·艾特沃斯大学（József Gál of Loránd Eötvös University）的约瑟夫·加仑（Jozsef Gal）共同撰写，揭示了企鹅体内产生的压力比人类要大得多——为了将粪便排出巢穴边缘。

吞剑是一项极其危险的特技表演。图为吞剑表演的漫画版。

✳《不论需要与否，都要使用博学的方言》

这篇论文的标题可能令人困惑，但它的副标题——多此一举地使用长词的问题，阐明了它的内容。普林斯顿大学（Princeton University）的丹尼尔·奥本海默（Daniel M. Oppenheimer）指出，大多数写作指南都鼓励人们使用简单的单词，而本科生为了显得更聪明，往往会使用长单词。事实上，他的研究成果与本科生的想法背道而驰——如果你想显得更聪明，你就应该使用清晰简单的词语。

7.5个常见的科学现象

多普勒效应：警笛声的变化是因为声波的伸缩使声音的频率发生了改变——当警车靠近你时，声波被挤压在一起；当警车离开时，声波被拉伸。

光速与声速不同：在雷暴期间，你会先看到闪电，一段时间后才听到雷声。这是因为光和声音的传播速度不同。已知它们的速度，你就可以计算出雷暴离你有多远。

折射：如果你看到一个人站在游泳池的底部——身体一半在水里，一半在外面，那么他的腿看起来就会比实际的要短。这是折射导致的，即光在通过两种不同材料时会发生弯曲。

压力：如果你曾经在飞机上拿出一包薯片，你就会发现因为包里的空气比机舱里的压力要高得多，所以薯片会膨胀起来。一旦你打开薯片，压力就会释放（或平衡）。大多数商用飞机机舱内的压力与8000英尺（2400米）高的山顶上的压力大致相同。

重力：当你发射弹弓时，弹丸会先沿着直线运动，然后向下弯曲，直至碰到地面——因为重力会把它向下拉。如果你站在高楼上用一个超级弹弓发射弹丸，那么它就会飞得更远，需要更长的时间才能落到地面上。试想，站在月球那么高的山顶上，用一个超级弹弓——可以以月球绕地球轨道运行的速度发射出月球大小的弹丸。猜猜会发生什么？弹丸会进入轨道并像以前一样下落，但地球的曲率意味着它永远不会落到地面上。

8.魔法石和其他不存在的东西

当科学家们试图用某种理论来解释我们所看到的世界时，他们经常会提出一些似乎可以解释实验结果的想法。只不过，这些想法往往为后来证明的理论所修正。

✳ 燃素

一种理论物质，即所有可燃材料都必须含有的物质。它被认为是一种物质或场（像一个磁性场而不是像玉米颗粒在玉米上那样分布的场），允许光线从一个地方到另一个地方。然而，现已精确明了的光速值足以表明它并不存在。

✳ 魔法石

炼金术士认为可以把廉价金属变成黄金的物质。它被认为是深红色的，含有一种名为卡莫（carmot）的化学元素。

✳ 黄胆汁和黑胆汁

这些物质（以及血液和痰）构成了中世纪医学中所谓的体液。当时，任何疾病都被认为是四种药剂中的一种过量或缺乏而引起的，因此可以通过给病人喂食各种药剂，或者让他们流血或让水蛭吸血来治愈疾病。

✳ 葡萄干布丁原子

1897年，当J. J.汤姆森（J. J. Thomson）发现电子时，他提出了一个想法：电子和质子就像葡萄干分布在布丁中一样均匀地分

布在一个原子中。欧内斯特·卢瑟福（Ernest Rutherford）的原子核理论意味着葡萄干布丁原子的学说被抛弃了。

实际情况

魔法石被认为是一种长生不老药，可以恢复活力和实现永生。在很长一段时间里，它是西方炼金术中最受追捧的宠儿。

9. 怪诞实验

✳ 注射迷幻药的大象

1962年，俄克拉荷马大学的路易斯·J. 韦斯特（Louis J. West）和切斯特·M. 皮尔斯（Chester M. Pierce）决定研究迷幻药（LSD）对大象的影响。他们向俄克拉荷马城动物园（Oklahoma City Zoo）的一头14岁大象塔斯科（Tusko）的后腿发射了一枚LSD飞镖。不久之后，塔斯科吼叫、昏倒、大便并且癫痫发作。1个小时40分钟后，塔斯科死了。

✳ 在黑暗中可发光的猫

在韩国国立庆尚大学（Gyeongsang National University）的实验

室里，金可仁（Kong Il-keun）教授和他的团队从一只土耳其安哥拉猫身上提取了一些皮肤细胞，并用病毒致使这些细胞基因变异，从而导致它们可以在黑暗中发光。随后他们将这些细胞移植到一只捐赠得来的猫的卵子中，因此由其产生的三只小猫会在黑暗中发出红光。

这些发光的猫可以帮助我们进一步了解人类的遗传疾病，并有助于对干细胞的研究。

✳ 大型强子对撞机

有人认为，大型强子对撞机在2008年启动时，它会因蕴含的高能量而创造出迷你黑洞。这些黑洞可能会吞噬周围的一切，最终吞噬整个地球。一位夏威夷的植物学家甚至威胁要起诉那里的科学家，以阻止他们启动它。

✳ 背上长有人耳的老鼠

1995年，查尔斯·瓦坎蒂博士（Dr Charles Vacanti）的一组照片震惊了全世界，照片中一只老鼠的背上长了一只人耳。批评人士说，这恰恰说明为什么基因工程完全是错误的。事实上，"耳朵"是一块人工培育的软骨，完全不涉及基因改造。

✳ 下降的猫

1894年，法国科学院（French Academy of Science）想要找出

人耳鼠并非基因突变的结果，而是人类将耳廓模型植入老鼠背部的一项科学研究实验。

猫从高处落下时脚掌先落地的原因。这个答案存在于艾蒂安·朱尔斯·马雷（Étienne Jules Marey）发明的相机中——一种能在短时间内抓拍大量画面的胶片相机，它展示了猫是如何先扭动前肢，然后将后脚掌伸向地面的。

实际情况

猫的体型小，骨骼结构轻，皮毛厚，所以落地时的最终速度会因此而降低。它们也会通过伸展身体来增加阻力、减慢速度。

第六章

棘手时刻

1.光速

光是一种与无线电波、X射线和微波工作方式一样的电磁辐射，在真空中以每秒186000英里（300000千米）的固定速度传播。光速通常用符号 c（来自拉丁语中表示快速的词，celeritas）来表示。爱因斯坦的狭义相对论说，这个速度是恒定的，是宇宙中所有物体速度的上限。然而，值得一提的是，光的传播速度可能要比这个速度慢。光在不同的材料中会以不同的速度传播。例如，光在玻璃中的传播速度会比在真空中慢三分之一左右。

✳ 事情什么时候发生

这听起来可能是一个奇怪的问题，但值得思考。想象一下暴风雨来临时，由于光速和声速不同，你会在不同的时间看到闪电和听到雷声。如果你有听力障碍，你会说看到闪电是暴风雨来临的标志。如果你是盲人，你会说那是你听到雷声的一瞬间。如果我们思考空间中的事件，比如超新星爆炸，也可以沿着类似的思路思考。有一颗著名的超新星SN1987a，于1987年在地球上被观测到。这颗爆炸的恒星距离我们有16.8万光年，说明爆炸实际上发生在168000年前，即光到达地球需要那么长的时间。而在绕该恒星运行的行星上的居住者却可以只在几分钟内就意识到他们的"太阳"——这颗恒星出了严重的问题。

✳ 爱因斯坦的火车实验

爱因斯坦提出了一个思想实验来证明为什么事情同时发生是不可能的。试想你正站在火车轨道的一侧，与此同时，一位朋友正在一列经过的火车上并且站在其中某节车厢的中部。当你的朋友从你身边经过时，火车车厢的前后端会发出一道闪光。从朋友的角度看，车厢的两端离他的距离相等，他可以同时看到车厢前后两面壁发出的反射光。

然而，事情在你看来却是不同的。由于火车在移动，在光到达车厢壁的时间里，火车稍微向前移动了一点。这意味着来自后壁的反射（离你稍近）比来自前壁的反射（离你稍远）更快到达你的位置。也就是说，这两种反射并不同时发生。爱因斯坦认为，这表明事情同时发生的说法是毫无价值的。

夜幕下，一列飞驰的火车长啸而过。

2.时空连续区

爱因斯坦狭义相对论发表于1905年，但相对论的前身却源于赫尔曼·闵可夫斯基（Hermann Minkowski）提出的更有意义的想法——宇宙可能不只是三维（从左往右，从上至下，从前往后），而是四维（前面三个维度再加上一个时间维度）。这样，同时性的问题就消失了，即发生在特定时间和特定地点并且相距为一定值的两个事件可以看作空间维度和时间维度的结合。

✳ 时间怪事

时间膨胀：如果一个人戴着手表以接近光速的速度从你身边疾驰而过，而你通过望远镜看他的手表，就会发现他的手表指针移动得比你自己的手表要慢。这就是所谓的时间膨胀。

一切都是相对的：如果那个从你身边疾驰而去的人也拿着望

自20世纪60年代中期以来，美国军方就一直在使用GPS。这方面的进展使部署武器本身成为一门精确的科学，降低了意外伤亡率。然而，对我们普通人来说，这项技术的发展更加引人注目。下一代导航系统将利用详细的成像资源，比如谷歌地球（Google Earth），使驾驶员在行驶途中看到更精确的、最新的图像，而不是目前使用的乏味的、有时令人困惑的矢量图形。

远镜看你的表，他也会认为是你的表走得慢。

速度不相加：如果两辆车以60英里每小时（96千米每小时）的速度在公路上迎面相撞，它们的相对速度就是60+60=120英里每小时（193千米每小时）。这就是正面碰撞比尾部碰撞更糟糕的原因。试想，两艘以60%的光速相向疾驰的宇宙飞船，它们的相对速度是120%的光速。事实上，爱因斯坦的相对论说它们的相对速度是光速的88%。

质量减慢时间：和速度一样，重力也会影响时间。爱因斯坦的广义相对论说，大质量的物体会扭曲时空（就像保龄球会拉伸

空间属于三维世界，而时间则扮演着第四维度的角色。

橡皮布一样），即有减慢重物附近时间的效果。

　　全球定位系统（GPS）卫星：全球定位系统中环绕地球运行的卫星系统，会根据速度和重力来调整它们的时钟。如果不这样做，定位信息会更不准确。

3.时间膨胀和宇宙射线

有一种粒子叫作介子，粒子物理学家对它进行了广泛的研究。介子是不稳定的，并且会在一眨眼的时间内（实际上更快，平均2.2微秒）变成一个电子和两个中微子（粒子物理学家称之为衰变）。不同寻常的是，我们在地球上看到的很多介子是由太空中的宇宙射线（一种天然的粒子加速器）撞击大气中的粒子而产生的。考虑到一个介子的平均寿命如此之短，所以我们在地球应该几乎看不到任何介子——它们几乎都衰变为电子和中微子。事实上，正是由于介子以接近光速的速度运动，经历了时间膨胀，它们的平均寿命才得以延长。

原子钟。1949年，美国国家标准局建造出了世界第一台原子钟。

4.超光速粒子的5件趣事

快子是比光速还快的物体，但从未被观察到。

快粒子：快子——tachyon，源自希腊语tachy，意思是快。它们是慢子（tardyons）的对立面。到目前为止，在宇宙中所观察到的要么是速子，要么是国际光子——总是以光速运动，比如光子。

能量壁垒：相对论认为，宇宙飞船永远不可能加速到光速，因为它的质量会随速度的增加呈指数增长，所以达到或降到光速需要无限的能量。

光速可变：光在不同的材料中以不同的速度传播。如果一个带电粒子在水中的速度比光速还快，它就会发出切伦科夫（Cerenkov）辐射——核反应堆的蓝光。由于快子在真空中的速度比光速还快，所以如果有人经过，它也会发出切伦科夫辐射。

双视：如果一个快子径直朝你而来，你不会看到它，因为它的速度比任何从它表面反射回来的光都要快。奇怪的是，一旦它从你身边经过，你会看到两个不同的图像——一个产生于它来的

地方，另一个产生于它去的地方。

长尺：如果有把尺子可以测量你到太阳之间的距离，已知尺子从你的右手移到左手大概是几秒钟，那么这是否意味着，尺子的另外一头——借助某种超光速通讯方式到达太阳两端的时间也必须与之相同？事实上，任何刚性物体都不完全是刚性的，它们只是分散的原子和分子的集合。相邻原子之间的力的连锁效应比光速慢得多。

5.一秒有多长

秒的定义非常简单，就是一天的86400分之一（24小时×60分钟×60秒）。然而，科学家们意识到一天的长度总是在变化的，所以他们需要想出其他的测量时间的方法。目前，秒有一个更奇怪的定义——国际度量局将秒定义为铯（原子序数133）两个基态间超精密辐射跃迁周期的9192631770倍。事实证明，铯原子轨道上的电子是测量时间的一种更精确的方法。因此，原子钟由金属铯制得。

✳ 双生子悖论

你走得越快，你的表看起来就走得越慢。这就可能发生一个有趣的现象。一对同卵双胞胎中的一个人决定前往比邻星（Proxima Centauri），并乘坐一艘能以99%光速飞行的宇宙飞船离开。他四处查看了一下，就回家了。由于比邻星距离地球4.22光年，旅行者需要8年半的时间方能到达比邻星。然而，在99%的光速下，时间会比静止的观察者所看到的还要慢7倍。这意味着前去旅行的双胞胎回来之时，留在家里的双胞胎应该是 7 × 8.5=59.5 岁。显而易见，这个悖论的问题在于，如果你从另一个角度来考虑问题即从前去旅行的双胞胎的角度来看，你会认为待在家里的双胞胎应该是更小的那个。爱因斯坦的广义相对论说，时空旅行绝非是对称的，因此前去旅行的那位双胞胎真的会更年轻。精确时钟的实验证明爱因斯坦是正确的。

✳ 祖父悖论

试想你发明了一台时空穿梭机，可以用它回到过去。不幸的是，在20世纪60年代，当你开车四处游荡的时候，你在你的祖父遇到你的祖母之前不小心撞死了他。从逻辑上讲，因为你的祖父母永远不会见面，你也就不会出生。当然，这也意味着你将无法发明时空穿梭机，然后回到过去不小心撞死他。这就是所谓的祖父悖论。有人认为，由于它所带来的种种问题，时空旅行是不可能的。也有人认为，杀死你祖父的行为会创造一个你从未存在过的平行宇宙，但是你可以用时空穿梭机回到你自己的平行宇宙。

✳ 时间不等人

时间乃非凡之物——宇宙的奇迹就在这瞬间或永恒中。

时间（秒）	简介
5.3×10^{-44}	普朗克时间，科学家认为是可测量的最短持续时间
0.00009	一个质子绕大型强子对撞机一圈所需的时间
0.0014	当前已知旋转速度最快的脉冲星PSRJ1748-2446ad的旋转周期
1.3	光从月球到地球所需要的时间
43	摧毁广岛的原子弹"小男孩"从发出到爆炸的时间
886	一个中子的平均寿命（在原子内不受束缚时）
5480	国际空间站绕地球运行一周所需的时间

时间（秒）	简介
35733	木星上一天的长度
133081920	距离太阳最近的半人马座恒星 Promixa 到达地球所需的时间
1.41×10^{17}	铀-238 的半衰期（元素样品所经历的放射性衰变时间的一半）

第七章

日常生活里的怪诞科学

1.天空为什么是蓝色的

阳光由不同颜色混合而成，彩虹就是由穿过雨滴的光分解而成的。天空的颜色由瑞利（Rayleigh）散射而定。瑞利散射是指大气中不同数量的粒子使不同颜色的光发生弯曲的过程。因为蓝光比红光分散得多，所以你可以看到蓝光来自天空的各个部分，而红光则集中在太阳的圆盘附近。

✱ 为什么日落时天空看起来是红色的

原因是大气污染。正午的太阳光线会直接穿过大气层，而日落时的阳光则以一定角度照射进来，这意味着它穿过大气层的时间要长得多。大气中的粒子既吸收光又散射光，但吸收最多的是红光和橙光，这就是为什么你在一天结束的时候会看到这些温暖的色调。

✳ 水从哪个方向流进水孔

或许你对此有所耳闻：水在南北半球会分别从不同的方向流入水孔。有人说这是科里奥利（Coriolis）效应导致的。虽然科里奥利效应确实存在——这也是相似的天气系统会在两个半球以相反的方向旋转的原因，但是它并不适用于此。事实上，水会沿着一个随机的方向流入一个水孔。浴缸或水槽的形状以及水中的湍流所带来的影响远甚于科里奥利效应。你不妨试一试，一探究竟。而且只要把手适时地一挥，你甚至可以让水以相反的方向旋转流入水孔。

✳ 你能在电梯坠落的最后一分钟内跳起来自救吗

这是噩梦般的场景：电梯停了下来，缆绳突然断了，电梯坠落在地。你安慰自己，在它落地的那一刻，你可以跳起来让自己幸免于难。可惜，事实并非如此。缆绳断裂时，你和电梯都将开始自由落体运动。地板不再顶着你的脚，你开始感到失重。当你下落时，你和电梯都会加速。在电梯撞击地面前的那一刻，你需

在民间谚语中，日落时出现的红色天空是好天气的象征。

要以某种方式降低速度来防止你撞到地面。如果你已经跌了好几层楼，你的腿就没有足够的力量让你充分减速。即使你的腿部力量足够，电梯本身也几乎肯定会在冲击下突然皱缩——电梯顶会把你压扁。

在电梯坠落的过程中，人基本处于失重状态。

✳ 手机如何定位

手机的正常运行依赖手机技术。手机信号覆盖的区域一般被称作"蜂窝网络区"，通常有几英里宽，以无线电天线为中心。当你在天线杆的范围内时，你的手机会显示相应信号格，因此在手机和天线杆之间传输的无线电信号就可以让你打电话。那么，这与定位有何关联呢？首先，网络会查询到你在哪个蜂窝区内，而信号的强度则表明你离天线杆的距离。但在建筑物密集的地区，你通常会在几根天线杆的重合范围内，因此每根天线杆发出的信号的强度都可以用来找到你——这个过程被称为三角测量。

✳ 为什么罐装冷饮会沾上水珠

为什么从冰箱里拿出罐装冷饮时，罐子上会有水珠呢？这个过程其实叫作冷凝。在冰箱里，罐子、液体和空气的温度都是一样的。但是当你把罐子从冰箱里拿出来的时候，周围的空气温度突然变成了室温。空气中含有水，但通常无法用肉眼看到，最明显的例子就是在稀薄空气中形成的雨云。再来看罐子，它冰冷的表面会使周围温暖的空气变冷，从而导致空气中的水变成液体并在罐子的侧面凝结，即冷凝。

易拉罐上因冷凝而形成的水珠。

2.炫酷方程式及其意义

数学家和科学家们不会在他们的方程中使用乘法符号，因为它会让人感到困惑。相反，他们只是把所有的数字和字母放在一起，然后假定你知道这表示它们应该相乘。因此，方程 $E=mc^2$ 的右边实际上是 $m \times c^2$，只不过这个乘号简写了而已。

$$E=mc^2$$

这可能是除了 1+1=2 之外，最著名的等式了。它是爱因斯坦狭义相对论的核心方程式，表明能量（E）和质量（m）是可以互换的。方程中的另一个符号（c）是真空中的光速。这里的可互换意味着你可以把一种物质转换成另一种物质，这也是核聚变和粒子加速器的原理。如果你去测氦原子内两个质子和两个中子的质量，你就会发现原子的质量比四个粒子本身的质量略轻。这个质量差便是在熔化过程中转换成能量的值，而所涉及的能量值可由著名的质能方程式求得。在粒子加速器中，质子和电子等粒子被加速到高速。当它们与其他粒子碰撞时，运动产生的能量（动能）会导致大量新粒子喷涌而出，而且这些新粒子的质量远大于原来相碰撞粒子的质量。

$$T^2=kD^3$$

德国天文学家约翰内斯·开普勒（Johannes Kepler）是第一个发现行星围绕太阳运行的轨道是椭圆形而不是圆形的人。他提出了行星运动的三个定律，其中第三个被称为开普勒第三定律。

这个方程的意思是，行星绕太阳公转周期 T（按地球年计算）的平方，与它到太阳的平均距离 D 的立方成正比。天文学家使用所谓的天文单位（AU）代表从地球到太阳的平均距离（1AU=9300万英里，或略低于1.5亿千米）。由此可知，地球年表示1年那么长，故只要观测出另一个星球的一年是多久，就可以计算出其他行星与太阳的距离。

因此，对地球而言：$1^2=k1^3$，

因为 1^2 和 1^3 的结果都为1，所以 $k=1$。

对木星而言：$11.9^2=kD^3$ 或 $141.6=1 \times D^3$，

取141.6的立方根，得到 $D=5.2$。

所以木星到太阳的平均距离是5.2个天文单位（AU），即4.85亿英里（7.805亿千米）。

✱ 为什么推一辆静止的车这么难

如果你的朋友有一辆旧车，他可能会让你在电池没电的时候帮他发动一下。很显然，当它静止时，你要试图推动它是困难的；但是一旦它开始移动，你会发现推动它就容易多了。任何没有意识到这一点的人往往会事倍功半。

事实上，这只是牛顿第二运动定律的一个日常例子，即 $F=ma$。在这个方程中，F 表示你推车的力，m 是车的质量（车有多重），a 是它的加速度。这个公式告诉我们的是，如果你用恒定的力推动汽车，因为汽车的质量保持不变，所以它就会不断加速。也就是说，它会变得越来越快，越来越快，最终得以逃离泥地。

✱ 牛顿的万有引力定律

由艾萨克·牛顿爵士（Sir Isaac Newton）推导出的这个方程让我们可以得知重力的具体值。若一个质量为 m 的物体的引力为 F，由于质量为 M 的另一个物体与其相距 r，所以 F 就等于两个物体的质量相乘并除以它们之间距离的平方，最后再乘以一个万有引力

据说，牛顿曾经在苹果树下休息时，一颗苹果砸在了他的头上。牛顿由此受到启发，提出了著名的"万有引力定律"。

常数G。

这个方程看上去很不错，但是它有什么实际用途呢？如果加上牛顿运动定律，我们就可以测出地球本身的质量（M）。有这么一个实验：如果把球从一固定高度处落下并且每下降一定距离就测出下落所需的时间，那么就可以计算出小球在重力作用下的一系列速度。

由此可得，质量为m的小球上的重力就等于牛顿第二定律中的力：

$$F=ma$$

两边同时除以m得到：

$$a=\frac{GM}{r^2}$$

故根据另一个牛顿运动方程即可算出小球下落的距离x以及小球下落的时间t：

$$a=\frac{2x}{t^2}=\frac{GM}{r^2}$$

整理可得：

$$M=\frac{2xr^2}{GT^2}$$

虽然牛顿告诉了我们C的值，并且我们也从实验中计算出x和t，但r呢？即如何得知小球到地球的距离呢？这个距离似乎应为零，因为小球在地球表面，但实际上地球对小球的引力作用几乎都集中在它的重心，所以r是地球的半径。根据测出的地球半径并向公式中代入所有已知量，可得，地球重6×2257磅（6×1024千克）。

由于太空中没有地心引力的作用，宇航员在太空中的身高会比在地球时高几英寸。但回到地球后，他们的身高就会变回到原来的高度。

3.磁铁的奇异之处

✳ 为什么磁铁有磁性

无论是人工制造的还是自然界中原先就有的，所有磁铁都有南北两极。如果你将一块磁铁自由悬挂，那么北极总是指向北方，而南极总是指向南方。磁力产生的原因在于，构成磁铁的原子中绕其旋转的电子是带有磁极的微小磁体。在非磁性材料中，这些电子磁场都指向不同的方向，从而抵消了磁效应。

✳ 单磁极

用一对条形磁铁进行的实验表明，磁性相反的磁极会相互吸引，而磁性相同的磁极会相互排斥。如果把一个条形磁铁的一端涂成红色，另一端涂成黑色，而你沿着分界线把磁铁切成两半，会发生什么？结果并不会只剩下一个北磁极和一个南磁极，这两部分就像最初的磁铁一样，各有南北极。事实上，单磁极从未被观察到过，尽管一些理论物理学家认为它们可能存在，但它们在自然界中极为罕见。

✳ 地球完全错了

地球自身具有磁性，据说这是由地球液态金属核心内的电流协调引起的。太阳风的相互作用——从炙热的太阳中不断冒出的粒子流与地球磁场的相互作用，形成了南北光。但是，众所周知，磁性相反的磁极会相互吸引。所以，如果我们坚信一个磁铁所指向的北方一定是北极，那么地球的北极实际上是南磁极。这真是令人百思不得其解。

✳ 世界上最强的磁铁

磁铁的强度是用特斯拉［以塞尔维亚发明家尼古拉·特斯拉（Nikolai Tesla）的名字命名］来衡量的。一个常见的条形磁铁的强

度大约是0.01特斯拉，而地球的磁场只有0.00005特斯拉。世界上最强的磁铁位于佛罗里达州（Florida）的国家高磁场实验室。它能稳定产生45特斯拉，但是要将其冷却到–2℃才能运行，而且每分钟需要4000加仑的冷却水。

✴ 宇宙中最强的磁体

中子星的质量是太阳的两倍，但直径只有10到20英里（16到32千米），是磁场强度的纪录保持者——目前最高可达1000亿特斯拉。具有极高磁场的中子星现在被称为磁星。

✴ 日常磁铁

磁铁在日常设备中被广泛应用，如吹风机、电话、吸尘器、电动割草机和iPod等。电脑能用磁铁来储存信息。巨大的磁铁可以被用来分离废物。有些列车甚至使用了电磁铁，以防在行驶过程中碰到铁轨。火车和铁轨上的是互相排斥的强力磁铁。火车靠磁力悬浮，也靠磁力前进。

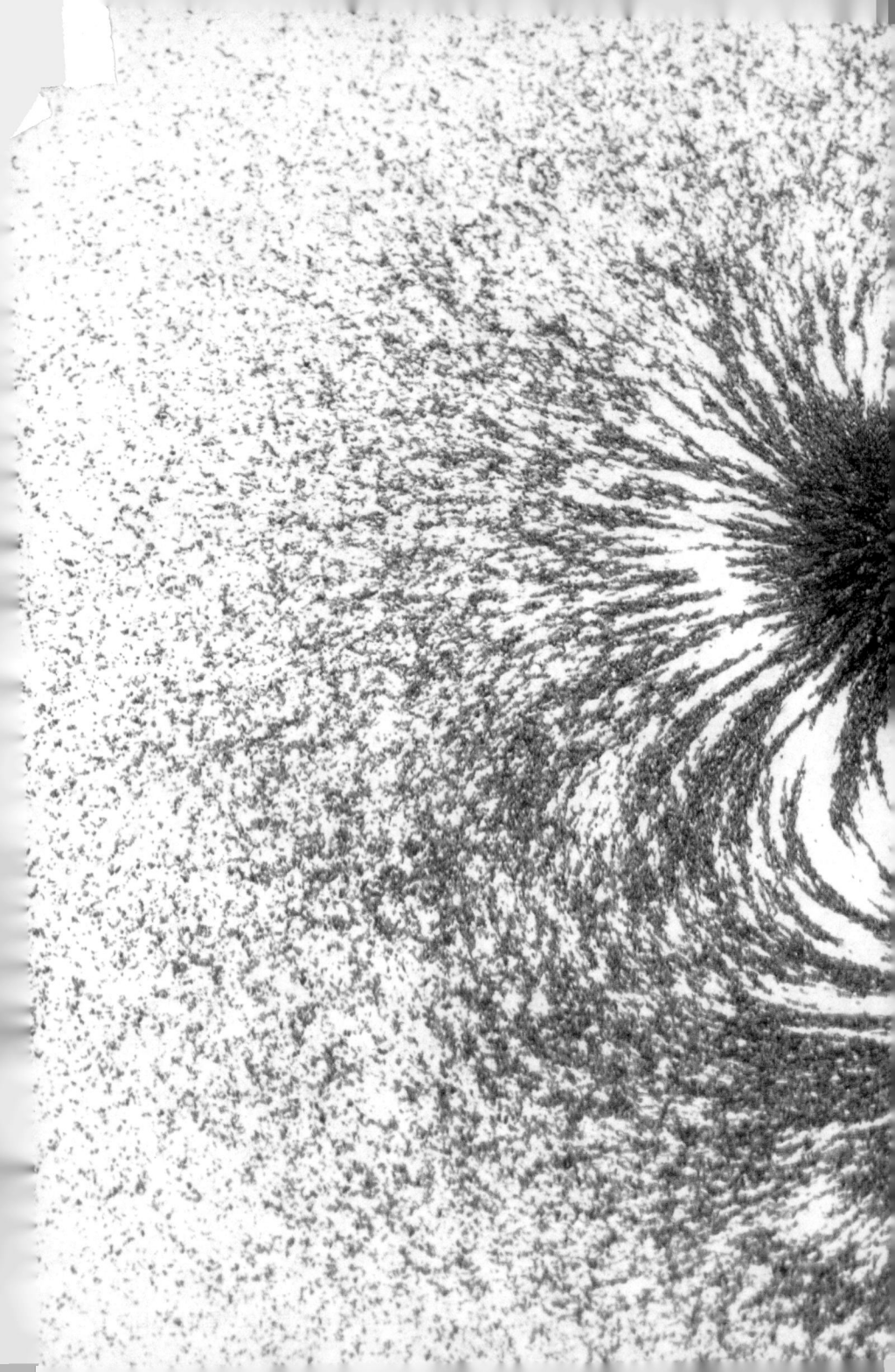

磁铁。

4. 5个超级计算机

每六个月，一个名为Top500的组织就会列出全球超级计算机500强的名单。超级计算机的功能以每秒浮点运算次数为核心，即一秒钟可以执行多少次运算。

劳伦斯·利弗莫尔国家实验室（Lawrence Livermore National Laboratory）： 一台名为BlueGene/P的IBM超级计算机，用于美国的核武器库模型。它可持续进行478.2万亿次浮点运算。

德国尤里希研究中心（FZJ）： 也是一台IBM BlueGene计算机，只不过变量"P"改变了。它能够持续进行167.3万亿次浮点运算，位于德国尤利希的一个前核研究中心。

新墨西哥计算应用中心（NMCAC）： 每秒可进行126.9万亿次浮点运算，位于里约热内卢（Rio Rancho）的NMCAC。它由美国视算科技公司SGI建造，用于一般的超级计算研究需求。

计算研究实验室（Computational Research Laboratories）： 位于印度浦那（Pune），由塔塔父子（Tata Sons）集团运营。机器

人工智能是计算机科学的一个分支，它企图了解智能的实质，并生产出一种能以人类智能相似的方式做出反应的智能机器。

最高速度可达每秒117.9万亿次浮点运算。

瑞典政府机构（Swedish Government Agency）： 最高速度可达每秒102.8万亿次浮点运算，用于目的不明的军事用途。

5. 微机的五大成就

✳ 手机

第一代手机是块"大板砖"，需要一整部《哈利·波特》丛书那么大的电池才能获得足够的电量来维持几分钟的通话。如今的微型手机装有摄像头，可以发送电子邮件和安装应用程序，充电一次可使用几天。

✳ 电脑芯片

1978年，芯片制造商英特尔（Intel）推出8086处理器时，它只有2.9万个晶体管。而英特尔的奔腾（Pentium）处理器在同样大小的空间里却塞满了数亿块芯片。

✳ 笔记本电脑

许多电脑制造商声称他们已经制造出了世界上最小的笔记本电脑，但有些只不过是美化了的手机。其中最引人注目的两款是华硕的Eee——它有7英寸（18厘米）的屏幕和不到2磅（1千克）的重量，以及苹果的笔记本电脑（Macbook Air）——它是如此之薄以至于苹果公司的老板史蒂夫·乔布斯（Steve Jobs）在第一次发布它的时候是从一个信封里把它拿出来的。

✳ 世界上最小的吉他

1997年，康奈尔大学（Cornell University）的纳米技术专家用硅晶体雕刻出了一把只有10微米长的吉他。它的六根弦每根大约50纳米宽，大约相当于100个原子的宽度。

✳ 世界上最小的机器人

2005年，达特茅斯（Dartmouth）大学的研究人员制造了一个像人类头发一样宽、250微米长的机器人。虽然它只能一步一步地移动，但它可以人为操控。

Q版机器人。

6.什么是纳米技术

纳米技术是一种纳米尺度的技术，只有人类头发直径的五万分之一。超级计算机的微型化技术现在也达到了这样的规模。然而，这属于量子物理学的领域，所以用传统的方法使物体变得更小是行不通的。

✳ 纳米机器人

纳米技术专家对纳米机器人（纳米级别的机器人）非常感兴趣。尽管目前它们主要存在于科幻小说中，但科学家们认为，当生产问题得到解决后，纳米机器人就能够成群结队地在人体周围修复癌细胞，或以令人难以置信的精度进行人体内部手术。有人甚至认为，纳米机器人大军可能会被军方用来对敌人发动一场看不见的战争。

237

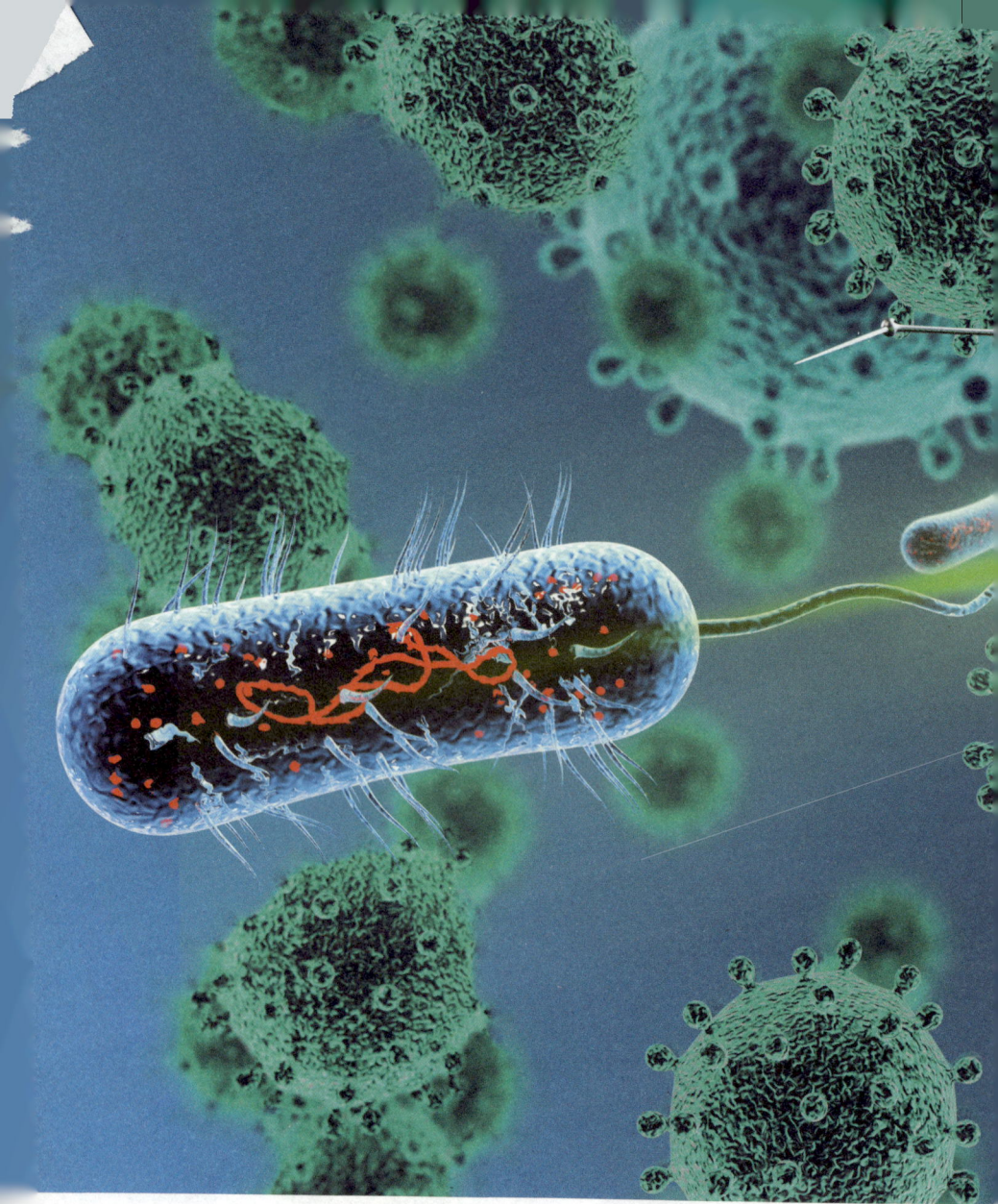

医生可以在病人的血液里植入纳米机器人，这种机器人在人体内探测感冒病毒的源头，并到达病毒所在处，直接释放药物，杀灭病毒。

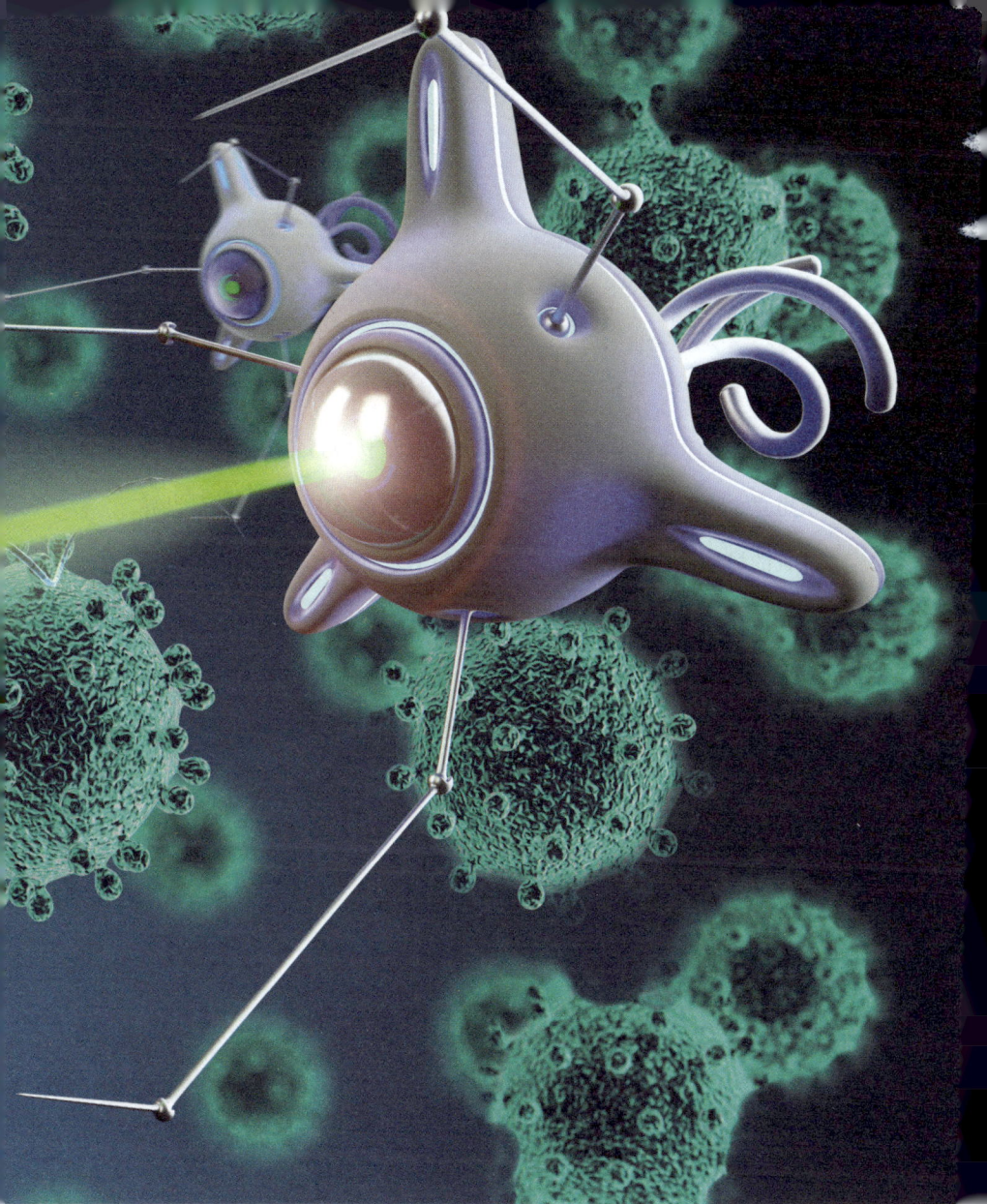

第七章　日常生活里的怪诞科学

✴ 末日可能

末日可能（gray goo）这个词最早出现于1986年纳米技术学家埃里克·德莱克斯勒（Eric Drexler）的一本书中。它指的是世界末日的场景，也指宇宙中自我复制的纳米机器人。有人担心如果这种自我复制失去控制，它们就会消耗掉地球上所有可用的资源，成为一群纳米机器人——整体呈灰色、黏糊糊的、为人所厌恶的东西。